MANUALUL ULTIMEI DE BRIOȘĂ

Stăpânește arta de a coace brioșă perfectă de fiecare dată

Codrut Cristian

Material cu drepturi de autor ©2024

Toate drepturile rezervate

Nicio parte a acestei cărți nu poate fi utilizată sau transmisă sub nicio formă sau prin orice mijloc fără acordul scris corespunzător al editorului și al proprietarului drepturilor de autor, cu excepția citatelor scurte utilizate într-o recenzie. Această carte nu trebuie considerată un substitut pentru sfaturi medicale, juridice sau alte sfaturi profesionale.

CUPRINS

CUPRINS 3
INTRODUCERE 6
BRIOCHE CLASIC 7
   1. Brioșă împletită 8
   2. Brioșă cu aluat 10
   3. Chifle brioșe în miniatură 12
BRIOCHE DE CIOCOLATA 15
   4. Chifle de dimineață cu brioșă de cacao 16
   5. Brioșă clasică de ciocolată 20
   6. Brioșă de ciocolată Babka 23
   7. Paine Brioche Dubla Ciocolata 26
   8. Brioche au ciocolată fără gluten 29
   9. Brioche Chinois cu ciocolata 32
BRIOCHE CONDATE 35
   10. Brioșă de vanilie 36
   11. Brioșă cu scorțișoară 39
   12. Brioșă cu ardei chilieni 42
   13. Brioșă condimentată cu caș de cătină 45
   14. Chifle Hot Cross cu brioșă condimentată 47
   15. Pâine Brioche Condimentată Chai 50
   16. Brioșă cu zahăr și condimente 53
   17. Chifle de brioșe condimentate cu turmeric 56
   18. Brioșă cu scorțișoară cu zahăr 59
   19. Rulouri de brioșă cu stafide și nucșoară 61
   20. Brioșă cu cardamom și portocale 63
   21. Pâine brioșă turtă dulce 65
   22. Noduri de brioșă cu condimente de dovleac 67
   23. Vârtejuri de brioșă condimentată Chai 69
   24. Brioșe cu cidru de mere 71
   25. Coroană de brioș cu cardamom vanilie 73
BRIOCHE REGIONALE 75
   26. Brioșă clasică franceză 76
   27. O brioșă americană 79
   28. Brioșă elvețiană cu ciocolată 81
   29. Brioșă provensală cu lămâie și lavandă 84
   30. Brioșă de sud cu scorțișoară și nuci pecan 87
   31. Cardamom scandinav-brioș portocaliu 90
   32. Alsacian Kugelhopf Brioche 93
   33. Fougasse Brioche provensală 95
   34. Brioșă suedeză cu șofran Lussekatter 97
   35. Panettone brioșă italiană 99

- 36. Brioșă japoneză Matcha Melonpan 101
- 37. Brioș marocan cu flori de portocal 103
- 38. Cardamom indian și brioș cu șofran 105
- 39. Brioșă mexicană de ciocolată cu scorțișoară 107

BRIOCHE DE FRUCTE 109
- 40. Brioșă cu fructe și nuci 110
- 41. Chifle de brioșă cu fructe cu sâmburi și busuioc 112
- 42. Chifle cu brioșă cu fructe ale pasiunii 115
- 43. Coroană de brioș cu fructe confiate și nuci 118
- 44. Brioșă cu lămâie și afine 121
- 45. Rulouri de brioșă cu migdale și zmeură 123
- 46. Brioșă de piersici și vanilie 125
- 47. Impletitura Brioche De Capsuni Crema De Branza 127
- 48. Brioșă cu migdale și cireșe 129
- 49. Rulouri de brioșă cu mango și nucă de cocos 131
- 50. Brioșă Cheesecake cu mure și lămâie 133
- 51. Coroană de brioșă cu kiwi citrice 135

BRIOCHE DE VEGGIE 137
- 52. Brioches de pommes de terre 138
- 53. Rulouri de brioche umplute cu spanac și feta 140
- 54. Tartă cu brioșă cu ardei roșu prăjit și brânză de capră 142
- 55. Impletitura brioche cu ciuperci si branza elvetiana 144
- 56. Brioche Focaccia cu dovlecel și parmezan 146
- 57. Rulouri de brioșă cu roșii uscate și busuioc 148
- 58. Chifle de brioche umplute cu broccoli și cheddar 150
- 59. Tartă cu Ceapă Caramelizată și Brioche Gruyère 152
- 60. Roți de brioș cu anghinare și pesto 154

BRIOCHE DE BRÂNZĂ 156
- 61. Brioșă cu brânză 157
- 62. Brioșă cu pere cu brânză 159
- 63. Brioche cu roșii uscate și mozzarella 161
- 64. Noduri de brioșă cu parmezan și usturoi 163
- 65. Brioche umplute cu bacon si cheddar 165
- 66. Rulouri cu jalapeño și piper Jack Brioche 167
- 67. Brioșă de Gouda și Ierburi 169
- 68. Brioșă cu brânză albastră și nuci 171

BRIOCHE DE NUCI 173
- 69. Brioșă dulce cu stafide și migdale 174
- 70. Brioș cu nuci și nuci pecan 177
- 71. Rulouri de brioșă cu migdale și miere 179
- 72. Noduri de brioșă cu nucă și sirop de arțar 181
- 73. Vârtejuri de brioșă cu ciocolată și alune 183
- 74. Brioșă cu caju și coajă de portocale 185

75. NODURI DE BRIOȘ CU DULCEAȚĂ DE FISTIC ȘI ZMEURĂ 187
76. VÂRTEJURI DE BRIOȘĂ CU NUCĂ DE MACADAMIA ȘI NUCĂ DE COCOS 189
77. BRIOȘ CU GLAZURĂ CU ALUNE ȘI ESPRESSO 191

BRIOCHE FLORALE 193
78. BRIOȘĂ CU MĂLAI DE LAVANDĂ 194
79. BRIOȘĂ CU MIERE DE LAVANDĂ 196
80. NODURI DE PETALE DE TRANDAFIR ȘI CARDAMOM 198
81. VÂRTEJURI DE BRIOȘĂ CU FLOARE DE PORTOCAL ȘI FISTIC 200
82. BRIOȘĂ CU MUȘEȚEL ȘI COAJĂ DE LĂMÂIE 202
83. RULOURI CU CEAI DE IASOMIE SI BRIOCHE CU PIERSICI 204
84. NODURI DE BRIOȘĂ CU HIBISCUS ȘI FRUCTE DE PĂDURE 206
85. VÂRTEJURI DE BRIOȘĂ CU VIOLETE ȘI LĂMÂIE 208
86. BRIOȘĂ CU FLORI DE SOC ȘI AFINE 210

HALA BRIOCHE 212
87. MASINA DE PAINE CHALLAH 213
88. MAIONEZA CHALLAH 215
89. CHALLAH CU ȘASE ÎMPLETITURI 217
90. CHALLAH FĂRĂ ULEI 220
91. RAISIN CHALLAH 222
92. CHALLAH MOALE 224
93. CHALLAH ALUAT 227
94. CHALLAH DE ANUL NOU 230
95. CHALLAH UMPLUT 234
96. DULCE CHALLAH 236
97. FOARTE UNT CHALLAH 239
98. APA CHALLAH 241
99. VÂRTEJ DE CIOCOLATĂ CHALLAH 243
100. CHALLAH CU IERBURI ȘI BRÂNZĂ 245

CONCLUZIE 247

INTRODUCERE

Pornește într-o călătorie în lumea delicioasă a brioșei cu „MANUALUL ULTIMEI DE BRIOȘĂ", ghidul tău cuprinzător pentru a stăpâni arta de a coace brioșă perfectă de fiecare dată. Această carte de bucate este o sărbătoare a deliciilor bogate, untoase și fragede care definesc acest produs de patiserie francez emblematic. Cu rețete realizate cu experiență și îndrumări pas cu pas, este timpul să-ți ridici abilitățile de coacere și să te răsfeți cu plăcerea de a crea brioșuri distractive în propria bucătărie.

Imaginați-vă aroma brioșei proaspăt coapte care vă umple casa, crusta aurie făcând loc unui interior moale și aerisit. „MANUALUL ULTIMEI DE BRIOȘĂ" este mai mult decât o simplă colecție de rețete; este biletul tău pentru a deveni un pasionat de brioșă, a stăpâni tehnicile și a înțelege nuanțele acestui produs de patiserie clasic. Fie că ești un brutar experimentat sau un novice în bucătărie, aceste rețete sunt concepute cu meticulozitate pentru a te ghida într-o călătorie delicioasă prin lumea brioșei.

De la pâini tradiționale cu brioșă până la răsturnări inovatoare și variații încântătoare, fiecare rețetă este o dovadă a versatilității și răsfățului pe care le oferă brioșul. Fie că visezi la un mic dejun relaxat de weekend, la un brunch elegant sau la un ceai încântător de după-amiază, acest manual îți va acoperi.

Alăturați-vă nouă în timp ce demitificăm arta coacerii brioșelor, explorând știința din spatele creșterii perfecte, magia laminării untului în aluat și bucuria de a crea un produs de patiserie care este atât o minune culinară, cât și o mărturie a priceperii tale de coacere. Așadar, preîncălziți cuptoarele, curățați-vă sucitoarele și haideți să ne aruncăm în „MANUALUL ULTIMEI DE BRIOȘĂ" pentru o călătorie a perfecțiunii coacerii și a răsfățului pur.

BRIOCHE CLASIC

1.Brioșă împletită

INGREDIENTE:
- ⅓ cană apă
- 2 ouă mari
- 2 galbenusuri mari
- ¼ de kilograme de unt sau margarină
- 2½ cană făină universală
- 3 linguri de zahăr
- ½ lingurita Sare
- 1 pachet drojdie uscată activă

INSTRUCȚIUNI:
a) Adăugați ingredientele în tava mașinii de pâine conform instrucțiunilor producătorului.
b) Selectați ciclul dulce sau aluat. 3. La sfârșitul ciclului, răzuiți aluatul pe o placă ușor acoperită cu făină universală. Împărțiți aluatul în 3 bucăți egale. Dacă faceți o pâine de 1,5 kg, rulați fiecare bucată pentru a forma o frânghie de aproximativ 12 inci lungime.
c) Pentru o pâine de 2 kg, rulați fiecare bucată pentru a forma o frânghie de aproximativ 14 inci lungime. Așezați frânghiile paralele la aproximativ 1 inch una de alta pe o foaie de copt de 14 x 17 inci unsă cu unt.
d) Strângeți frânghiile împreună la un capăt, împletiți lejer, apoi prindeți capătul împletiturii împreună.
e) Acoperiți ușor pâinea cu folie de plastic și lăsați-o să stea într-un loc cald până când se umflă, aproximativ 35 de minute. Îndepărtați folie de plastic.
f) Bateți 1 gălbenuș mare de ou pentru a se amesteca cu 1 lingură de apă. Ungeți împletitura cu amestec de ouă.
g) Coaceți împletitura într-un cuptor de 350 F până când se rumenește, aproximativ 30 de minute. Se răcește pe un grătar cu cel puțin 15 minute înainte de a tăia felii. Serviți cald, cald sau rece.

2.Brioşă cu aluat

INGREDIENTE:
- 3½ oz. (100 g) starter de aluat de grau
- 3½ căni (450 g) făină de grâu
- ⅓ cană (75 ml) lapte, temperatura camerei 5¼ linguriţe (15 g) drojdie proaspătă
- 5 ouă
- ⅓ cană (75 g) zahăr
- 1½ linguriţă (25 g) sare
- 1½ cană (350 g) unt nesărat, înmuiat
- 1 ou pentru periaj

INSTRUCŢIUNI:
a) Amestecaţi aluatul cu jumătate din făina de grâu, laptele şi drojdia. Lasam amestecul sa creasca aproximativ 2 ore.
b) Adăugaţi toate ingredientele cu excepţia untului şi amestecaţi bine. Apoi, adăugaţi untul puţin câte puţin - aproximativ ¼ de cană (50 g) o dată. Se framanta bine.
c) Acoperiţi cu o cârpă şi lăsaţi aluatul să crească aproximativ 30 de minute.
d) Modelaţi în douăzeci de chifle mici şi netede. Puneţi-le în forme pentru cupcake şi lăsaţi-le să crească până îşi dublează volumul. Ungeţi chiflele cu ou.
e) Coaceţi brioşa la 400°F (210°C) timp de aproximativ 10 minute.

3.Chifle brioșe în miniatură

INGREDIENTE:
INCEPATOR:
- 1 cană (140 g) făină de pâine fără gluten
- 2⅔ lingurițe (8 g) drojdie instant
- 1 lingură (12 g) zahăr
- ½ cană de lapte, opărit și răcit la 95°F
- ¼ cană plus 2 linguri de apă caldă (aproximativ 95°F)

ALUAT:
- 3 căni (420 g) de făină de pâine fără gluten
- 1 lingurita (6 g) Sare Kosher
- 1½ linguriță Miere
- 3 ouă mari, la temperatura camerei, bătute
- 11 linguri (154 g) Unt nesarat, la temperatura camerei
- Spalare cu ou (1 ou mare, la temperatura camerei, batut cu 1 lingura de lapte)

INSTRUCȚIUNI:
PENTRU ÎNCEPTOR:
a) Într-un castron de mărime medie, amestecați ingredientele pentru starter până se combină bine. Amestecul va fi gros și fără formă.

b) Acoperiți vasul și lăsați-l deoparte într-un loc cald, fără curenți, pentru a crește până se dublează, ceea ce durează aproximativ 40 de minute.

c) Pentru aluat:

d) Odată ce starterul și-a dublat volumul, faceți aluatul. Puneți făina și sarea în vasul mixerului și bateți pentru a se combina bine.

e) Adăugați în bol mierea, ouăle, untul și starterul crescut. Amestecați la viteză mică cu cârligul de aluat până se combină.

f) Măriți viteza mixerului la medie și frământați aproximativ 5 minute. Aluatul va fi lipicios, dar trebuie să fie neted și elastic.

g) Pulverizați ușor o spatulă de silicon cu spray de ulei de gătit și răzuiți părțile laterale ale vasului.

h) Transferați aluatul într-un castron ușor uns cu ulei sau într-o găleată suficient de mare pentru ca aluatul să își dubleze volumul. Acoperiți-l cu o bucată de folie de plastic unsă cu ulei (sau partea superioară unsă cu ulei a găleții de limpezire).

i) Pune aluatul la frigider pentru cel puțin 12 ore și până la 5 zile.

ÎN ZIUA COACERII:

j) Ungeți bine șaisprezece forme miniaturale pentru brioșă sau forme standard pentru brioșe și puneți-le deoparte pe o tavă de copt cu ramă.

k) Întoarceți aluatul pe o suprafață ușor făinată și frământați până devine omogen.

l) Împărțiți aluatul în șaisprezece bucăți egale, înjumătățindu-l progresiv. Modelați fiecare bucată într-o rotundă, făcând o bucată puțin mai mică decât cealaltă. Asezati rotunda mai mica peste cea mai mare in fiecare matrita, apasand usor pentru a le face sa adere.

m) Acoperiți formele pe tava de copt cu folie de plastic unsă cu ulei și puneți-le într-un loc cald, ferit de curenți, pentru a crește până când își dublează volumul (aproximativ 1 oră).

n) Preîncălziți cuptorul la 350°F cu aproximativ 25 de minute înainte ca aluatul să se termine de crescut.

o) Odată ce chiflele și-au dublat volumul, îndepărtați folia de plastic, ungeți blaturile generos cu spălarea ouălor și puneți foaia de copt în centrul cuptorului preîncălzit.

p) Coaceți chiflele timp de aproximativ 15 minute sau pâna când sunt ușor aurii și înregistrați 185 ° F în centru pe un termometru cu citire instantanee.

q) Lăsați chiflele să se răcească pentru scurt timp înainte de servire. Bucurați-vă de chiflele dvs. de brioșă în miniatură!

BRIOCHE DE CIOCOLATA

4.Chifle de dimineață cu brioșă de cacao

INGREDIENTE:
PREFERMENT
- 1⅓ cană (160 g) făină universală
- 1¼ cani de lapte integral
- 1 lingura. drojdie instant

ALUAT
- 1 ou mare
- 1¾ cani de lapte integral
- 1 lingura. drojdie instant
- ⅔ cană (133 g) zahăr granulat
- ½ cană (42 g) pudră de cacao neîndulcită
- 1 lingura. plus 1 lingura. sare cuşer
- 5½ căni (687 g) făină universală, plus mai multă pentru suprafață
- 2 linguri. unt nesarat, la temperatura camerei, plus 2¼ cani (4¼ batoane) unt nesarat, rece, dar nu rece

UMPLARE SI MONTARE
- Unt nesarat, la temperatura camerei, pentru tigaie
- Zahăr brut, pentru tigaie
- ⅓ cană (ambalată, 66 g) zahăr brun închis
- 1 lingura. scorţişoară măcinată
- 1 lingura sare cuşer
- ⅓ cană (66 g) zahăr granulat, plus mai mult pentru aruncat
- 3 oz. ciocolată neagră, ruptă în bucăţi mici
- 1 ou mare

INSTRUCȚIUNI:
PREFERMENT

a) Amestecaţi făina, laptele şi drojdia în bolul unui mixer cu stand până se combină (amestecul va fi subţire, ca un aluat). Se lasa la dospit, neacoperit, intr-un loc caldut pana isi dubleaza volumul, aproximativ 1 ora.

ALUAT

b) Adăugaţi oul, laptele şi drojdia la preferinţa şi ataşaţi la mixerul cu stand. Se potriveşte cu cârligul de aluat şi se bate la viteză mică până se combină.

c) Adăugaţi zahăr granulat, pudră de cacao, sare, 5½ căni (687 g) făină universală şi 2 linguri. unt la temperatura camerei; se amestecă la viteză mică până se formează un aluat omogen. Transferați aluatul într-un castron mare, acoperiți cu un prosop de bucătărie umed și lăsați să crească într-un loc cald până când își dublează volumul, aproximativ 1 oră.

d) Între timp, amestecați 2¼ cani (4¼ bețișoare) de unt rece în vasul curat al unui mixer cu suport cu paletă, la viteză mică, până când este omogen și se tartina, dar încă se răcește. Întoarceți-l pe o foaie de hârtie de pergament și modelați untul într-un dreptunghi mic cu o spatulă offset. Acoperiți cu o altă foaie de hârtie de copt și întindeți untul într-un dreptunghi de 16x12". Răciți untul până când aluatul este gata (doriți să păstrați untul rece, dar maleabil; nu-l lăsați prea tare).

e) Întoarceți aluatul pe o suprafață de lucru cu făină generoasă și rulați într-un dreptunghi de 24 x 12 inchi; poziționați cu partea scurtă îndreptată spre dvs. Descoperiți untul și puneți-l deasupra aluatului, aliniindu-l de-a lungul marginii și acoperind două treimi inferioare din aluat.

f) Îndoiți treimea superioară de aluat în sus și peste unt, apoi îndoiți treimea de jos în sus și peste (ca o scrisoare). Rapid, dar ușor, întindeți din nou aluatul într-un dreptunghi de 24 x 12 inchi, înfăinând suprafața de lucru și sucitorul după cum este necesar pentru a evita lipirea. (Dacă în orice moment aluatul devine prea lipicios pentru a fi manipulat sau untul începe să se topească, dați la frigider 20 de minute și lăsați să se întărească înainte de a continua.)

g) Îndoiți din nou aluatul în treimi, înfășurați în hârtie ceară sau plastic și răciți 1 oră.

h) Scoateți aluatul din frigider și repetați rularea și plierea ca mai sus, încă o dată. Tăiați aluatul îndoit în 3 dreptunghiuri egale și înfășurați fiecare strâns în plastic. Răciți până când este gata de utilizare.

i) Faceți înainte: aluatul poate fi făcut cu 1 zi înainte. Păstrați la rece sau congelați până la 2 luni.

UMPLARE SI MONTARE

j) Când sunteți gata să coaceți chifle, ungeți cu generozitate cupele unei tavi de brioșe jumbo de 6 căni; stropiți cu generozitate fiecare cană cu zahăr brut. Amestecă zahăr brun, scorțișoară, sare și ⅓ cană (66 g) zahăr granulat într-un castron mic.

k) Lucrând cu 1 bucată de aluat, desfaceți și rulați până la un dreptunghi de 12x6" grosime de aproximativ ¾". Tăiați în șase dreptunghiuri de 6x2". Începând cu ¼" din partea de sus a unei părți scurte, tăiați 2 fante longitudinale într-un dreptunghi de aluat pentru a crea 3 fire egale. Împletiți șuvițele și stropiți generos cu amestec de zahăr brun. Așezați 2 sau 3 bucăți mici de ciocolată pe împletitură și bobină, stivuindu-se pe ea însăși. Puneți chifla, cu împletitura în sus, în tava pentru brioșe pregătită. Repetați cu restul de 5 dreptunghiuri. Veți dori să utilizați o treime din amestecul de zahăr brun și o treime din ciocolată, rezervând amestecul de zahăr brun și ciocolata rămase pentru celelalte 2 bucăți de aluat.

l) Preîncălziți cuptorul la 375°. Acoperiți chiflele lejer cu un prosop de bucătărie sau folie de plastic și lăsați-le să crească până când își dublează volumul, aproximativ 30 de minute. (Ca alternativă, lăsați chiflele să crească în frigider peste noapte și coaceți dimineața. Dacă chiflele nu au crescut vizibil în frigider, lăsați-le să stea la temperatura camerei cu 30-60 de minute înainte de coacere.)

m) Bateți ou și 2 lingurițe. apă într-un vas mic. Ungeți blaturile chiflelor cu spălare de ouă și coaceți până când blaturile sunt umflate și au dezvoltat un strat exterior crocant, aproximativ 35 de minute. (Chilele neformate trebuie să sune ușor goale când sunt bătute.) Lăsați să se răcească în tavă 2 minute, apoi scoateți ușor din tavă și transferați-le pe un grătar. Lăsați să stea până când chiflele sunt suficient de reci pentru a fi manipulate.

n) Pune niște zahăr granulat într-un castron mediu. Lucrând pe rând, aruncați chiflele în zahăr și reveniți pe suport. Lasati sa se raceasca complet.

o) Repetați cu bucățile rămase de aluat sau păstrați amestecul de scorțișoară și bucățile de ciocolată rămase separat în recipiente ermetice la temperatura camerei până când este gata să coaceți aluatul rămas.

5.Brioşă clasică de ciocolată

INGREDIENTE:
PENTRU ALUATUL DE BRIOCHE:
- 2 3/4 căni (330 g) făină universală
- 1 1/2 linguriță (4 g) drojdie instant
- 3 linguri (29 g) zahăr granulat
- 1 1/4 (7 g) lingurițe de sare
- 4 ouă mari (200 g), bătute ușor la temperatura camerei
- 1/4 cană (57 g) lapte integral, la temperatura camerei
- 10 linguri (140 g) unt nesarat, la temperatura camerei
- Spălarea ouălor

PENTRU UMPLUTURA DE CIOCOLATA:
- 4 oz (113 g) unt nesarat, la temperatura camerei
- 1/4 cană (50 g) zahăr granulat
- 1/3 cană (40 g) pudră de cacao
- 1 lingură (21 g) miere
- 1/4 linguriță (1,4 g) sare

INSTRUCȚIUNI:
PENTRU BRIOȘĂ:
a) În bolul unui mixer cu stand, combinați făina, drojdia, zahărul și sarea. Adăugați ouăle și laptele. Se amestecă la viteză medie timp de 5 minute.
b) Răzuiți părțile laterale, adăugați făină dacă este lipicios și continuați să amestecați. Repetați acest proces de încă două ori.
c) Cu mixerul la mic, adăugați jumătate din unt și amestecați. Răzuiți și adăugați untul rămas. Se amestecă până când este elastic și strălucitor.
d) Transferați aluatul într-un bol cu făină, acoperiți și lăsați-l să crească 1-2 ore. Apăsați gazele și dați la frigider peste noapte.

PENTRU UMPLUTURA DE CIOCOLATA:
e) Folosind un mixer, bateți untul înmuiat până devine cremos. Se adauga zaharul si se bate pana devine pufoasa. Se amestecă pudra de cacao, mierea și sarea până se încorporează.

A ASAMBLA:
f) Împărțiți aluatul în patru bucăți. Întindeți o bucată într-un dreptunghi de 7" x 12".

g) Întindeți un sfert din umplutură, lăsând un chenar de 1/2". Rotiți strâns într-un buștean. Repetați cu alte bucăți.
h) Înghețați buștenii timp de 5 minute. Tăiați în jumătate pe lungime, lăsând vârful netăiat. Impletiti aluatul.
i) Ungeți cu apă, formați un cerc și prindeți capetele. Repetați cu aluatul rămas.
j) Dovada timp de 1 ora. Preîncălziți cuptorul la 350°F/177°C.
k) Ungeți cu spălătură de ouă și coaceți până se rumenesc, 20-25 de minute.

6.Brioșă de ciocolată Babka

INGREDIENTE:
ALUAT:
- 4 1/4 căni (530 grame) făină universală, plus suplimentar pentru pudrat
- 1/2 cană (100 grame) zahăr granulat
- 2 lingurite drojdie instant
- Coaja rasă de o jumătate de portocală
- 3 ouă mari (bătute ușor)
- 1/2 cană apă (rece și în plus dacă este necesar)
- 3/4 linguriță sare fină de mare sau de masă
- 2/3 cană unt nesărat (150 grame sau 5,3 uncii), la temperatura camerei
- Ulei de floarea soarelui sau alt ulei neutru, pentru ungerea vasului

UMPLERE:
- 4 1/2 uncii (130 grame) ciocolată neagră bună (sau aproximativ 3/4 cană chipsuri de ciocolată neagră)
- 1/2 cană (120 grame) unt nesărat
- Puțin 1/2 cană (50 de grame) de zahăr pudră
- 1/3 cană (30 grame) pudră de cacao
- Vârf de cuțit de sare
- 1/4 lingurita de scortisoara (optional)

SIROP PENTRU GLAZARE:
- 1/4 cană apă
- 4 linguri de zahar granulat

INSTRUCȚIUNI:
FACEȚI ALUATUL:
a) În bolul mixerului cu stand, combinați făina, zahărul și drojdia.
b) Adăugați ouăle, 1/2 cană de apă și coaja de portocală. Amestecați cu cârligul de aluat până se îmbină. Adăugați apă suplimentară dacă este necesar.
c) Cu mixerul la mic, adaugam sare, apoi untul treptat. Se amestecă la viteză medie timp de 10 minute până se omogenizează.
d) Ungeți un castron mare cu ulei, puneți aluatul înăuntru, acoperiți cu folie de plastic și lăsați-l la frigider pentru cel puțin o jumătate de zi, de preferință peste noapte.

FACEȚI Umplutura:
e) Topiți untul și ciocolata împreună până la omogenizare. Adăugați zahăr pudră, cacao pudră, sare și scorțișoară, dacă doriți.
f) Se da deoparte la racit.

ASSAMBLAȚI PÂINI:
g) Întindeți jumătate din aluat pe un blat ușor făinat la o lățime de 10 inci.
h) Întindeți jumătate din amestecul de ciocolată peste aluat, lăsând un chenar de 1/2 inch. Rulați aluatul într-un buștean, sigilați capătul umezit.
i) Repetați procesul cu cealaltă jumătate de aluat.
j) Tăiați capetele, tăiați fiecare buștean în jumătate pe lungime și așezați-le unul lângă celălalt pe blat. Răsuciți-le împreună.
k) Transferați fiecare răsucire în formele de pâine pregătite. Acoperiți și lăsați să crească timp de 1 până la 1 1/2 oră la temperatura camerei.

COACEȚI ȘI Terminați PÂINILE:
l) Preîncălziți cuptorul la 375°F (190°C). Coaceți timp de 25-30 de minute, verificând dacă este gata.
m) Faceți siropul simplu, fierbând zahărul și apa până se dizolvă. Ungeți siropul peste babkas imediat ce ies din cuptor.
n) Se răcește pe jumătate în tigaie, apoi se transferă pe un grătar pentru a termina răcirea.
o) Babkas se păstrează câteva zile la temperatura camerei sau pot fi congelate pentru o păstrare mai lungă.

7.Paine Brioche Dubla Ciocolata

INGREDIENTE:
ALUAT DE BRIOCHE DE CIOCOLATA:
- 2 1/2 căni de făină universală
- 1/3 cană pudră de cacao neîndulcită
- 1/4 cană zahăr granulat
- 2 1/4 lingurițe drojdie activă (1 pachet)
- 1 lingurita sare
- 3/4 cană lapte integral
- 1 ou mare
- 4 linguri de unt

Umplutura cu ciocolata:
- 4 linguri de unt, temperatura camerei
- 1/3 cană zahăr brun, ambalat
- 1 lingura pudra de cacao neindulcita
- 1 lingurita pudra espresso
- 2 uncii de ciocolată neagră, tocată fin

ALTE:
- 2 linguri de unt, inmuiat (pentru pregatirea tavii)
- 1 lingură zahăr granulat (pentru pregătirea tavii)

INSTRUCȚIUNI:
a) Într-un castron mare, combinați 4 linguri de unt și 3/4 de cană de lapte integral. Se încălzește până când untul este complet topit.
b) Lăsați untul și laptele să se răcească la 100-110 de grade. Adăugați 1/4 cană de zahăr granulat și 1 pachet de drojdie uscată activă. Lăsați să stea aproximativ 10 minute până când drojdia devine spumoasă și spumoasă.
c) Bateți 1 ou în bol.
d) Cerneți 2 1/2 căni de făină universală, 1/3 ceașcă de pudră de cacao neîndulcită și 1 linguriță de sare în bol. Se amestecă până când începe să se formeze un aluat.
e) Transferați aluatul pe o suprafață tapetă cu făină și frământați aproximativ 5 minute.
f) Transferați aluatul într-un bol mare de sticlă ușor uns. Acoperiți strâns cu folie de plastic și lăsați-l să se odihnească timp de 60-90 de minute sau până când își dublează volumul.

g) Rulați aluatul într-un dreptunghi mare. Întindeți 4 linguri de unt înmuiat pe toată suprafața.
h) Într-un vas mic, combinați 1/3 de cană de zahăr brun, 1 lingură de pudră de cacao neîndulcită și 1 linguriță de pudră espresso. Presărați amestecul pe toată suprafața, apoi adăugați 2 uncii de ciocolată neagră tocată mărunt.
i) Rulați aluatul strâns ca un rulou de scorțișoară și prindeți cusătura pentru a sigila. Puneți aluatul rulat pe lungime, cu cusătura în jos.
j) Tăiați aluatul rulat în jumătate și împletiți-l.
k) Pregătiți o tavă de 9"x5" acoperind întregul interior cu 2 linguri de unt înmuiat și stropind cu 1 lingură de zahăr granulat.
l) Transferați pâinea împletită în tava pregătită, bagând capetele dedesubt. Acoperiți cu folie de plastic și lăsați-l să se odihnească într-un loc cald timp de 45 de minute.
m) Preîncălziți cuptorul la 350 de grade. Odată ce aluatul a crescut, coaceți 25-28 de minute până când blatul se simte întărit și ferm la atingere.
n) Transferați tava de pâine pe un grătar de răcire timp de 10 minute, apoi transferați pâinea direct pe grătar pentru a se răci complet. Bucură-te de brioșa ta dublă de ciocolată!

8.Brioche au ciocolată fără gluten

INGREDIENTE:
ALUAT DULCE:
- 1¾ cani (245 g) amestec de făină de pâine fără gluten Kim
- ½ cană (100 g) zahăr granulat
- 1 lingurita praf de copt
- 1 lingura plus ¾ de lingurita (12 g) drojdie instant
- 1 lingură (5 g) coji întregi de psyllium (sau 1½ linguriță pudră de coji de psyllium)
- ½ lingurita sare kosher
- ¾ cană (180 ml) lapte integral
- 6 linguri (85 g) unt, foarte moale sau topit
- 1 ou mare, la temperatura camerei

CREMA DE patiserie:
- ½ cană (120 ml) lapte integral
- ½ cană (120 ml) smântână groasă
- 3 galbenusuri mari
- ¼ cană (50 g) zahăr granulat
- 2 linguri (15 g) amidon de porumb
- 1 linguriță extract de vanilie, pastă de boabe de vanilie sau 1 boabe de vanilie, semințele răzuite
- 1 lingura unt, inmuiat

ASAMBLARE:
- 4 oz (113 g) ciocolată semidulce sau neagră, tocată grosier
- ¼-½ linguriță de scorțișoară măcinată, opțional

INSTRUCȚIUNI:
FACEȚI ALUAT:
a) Combinați toate ingredientele într-un castron mare și bateți sau frământați timp de 5 minute până se combină bine.
b) Lăsați aluatul la dospit până își dublează volumul, 1-2 ore. Dați aluatul la frigider pentru cel puțin 6 ore, de preferință peste noapte.

FACEȚI CREMA DE patiserie:
c) Se încălzește laptele integral și smântâna groasă până se fierbe. Bateți gălbenușurile de ou, zahărul, amidonul de porumb și vanilia până la grosime și ca o panglică.

d) Turnați încet puțin din amestecul de lapte în amestecul de gălbenușuri de ou, amestecând energic. Adăugați încet restul de lapte.
e) Se toarnă amestecul înapoi în cratiță și se bate constant pană se îngroașă.
f) Se ia de pe foc, se amestecă cu untul și vanilia. Se da la frigider cu folie de plastic care atinge crema.

PENTRU A ASSAMBLE ROLULE:
g) Framantam scurt aluatul pe o suprafata bine infainata pana se omogenizeaza.
h) Rulați într-un dreptunghi de 10 x 14 inci grosime de aproximativ ¼ inch.
i) Peste aluat se intinde crema de patiserie racita. Presarati ciocolata tocata si scortisoara (daca doriti).
j) Rulați strâns, stil rulou cu jeleu. Întindeți bușteanul puțin mai mult de la mijloc.
k) Tăiați în 8 bucăți egale. Dacă este prea lipicios, congelați timp de 10 minute.
l) Pune rulourile într-o tavă de copt, acoperă și lasă să crească până se dublează, 30 de minute până la o oră.
m) Preîncălziți cuptorul la 350°F.
n) Scoateți folie de plastic și coaceți aproximativ 30 de minute sau până când se rumenesc.
o) Serviți cald. Bucurați-vă de brioche au ciocolată fără gluten!

9. Brioche Chinois cu ciocolata

INGREDIENTE:
PENTRU ALUATUL DE BRIOCHE:
- 375 g faina
- 8 g sare
- 40 g zahăr
- 15 g drojdie proaspătă de panificație
- 4 oua intregi, la temperatura camerei
- 190 g unt nesarat, inmuiat
- 2 linguri de apa, calda

PENTRU UMPLUTURA:
- 300 g cremă patisier de vanilie
- 3cl rom negru
- 150 g chipsuri de ciocolată neagră

PENTRU FINISARE:
- 1 galbenus de ou (pentru glazura)
- Zahăr pudră

INSTRUCȚIUNI:
FACEȚI ALUAT DE BRIOCHE:
a) Combinați făina, zahărul și sarea în recipientul mixerului.
b) Se diluează drojdia în apă caldă și se lasă deoparte.
c) Pune ouăle în centrul făinii și frământăm cu cârligul de aluat până se formează un aluat.
d) Adăugați oul rămas și frământați până când aluatul este omogen.
e) Adăugați untul înmuiat și drojdia diluată, frământați până se omogenizează.
f) Lăsați aluatul să se dovedească până își dublează volumul (1,5 până la 2 ore).
g) Dați aluatul la frigider pentru cel puțin 6 ore, de preferință peste noapte.

FACEȚI CREMA DE patiserie:
h) Se încălzește laptele integral și smântâna groasă până se fierbe.
i) Bateți gălbenușurile de ou, zahărul, amidonul de porumb și vanilia până se îngroașă.
j) Turnați încet puțin din amestecul de lapte în amestecul de gălbenușuri de ou, amestecând energic.

k) Se toarnă amestecul înapoi în cratiță, se bate constant până se îngroașă.
l) Se amestecă untul și vanilia, apoi se dă la frigider cu folie de plastic atingând crema.

ASSAMBLAȚI BRIOȘĂ:
m) Împărțiți aluatul în două porții, una de 200 de grame și cealaltă de aproximativ 600 de grame.
n) Întindeți porția mai mică pentru a căptuși fundul unei forme rotunde de tort.
o) Întindeți porția mai mare într-un dreptunghi și întindeți crema de patiserie, fulgi de ciocolată, apoi rulați-o.
p) Tăiați rulada în 7 părți egale și aranjați-le în forma de tort.
q) Se lasă la dovada până când rulourile umplu tava.
r) Glazurați suprafața cu spălătură de ouă și coaceți la 180°C timp de aproximativ 25 de minute.
s) Se presară cu zahăr pudră când s-a răcit.

BRIOCHE CONDATE

10.Brioșă de vanilie

INGREDIENTE:
- 3 Plicuri drojdie uscată activă
- ½ cană lapte cald (aproximativ 110 grade)
- 1 boabe de vanilie, împărțită
- 5 căni de făină
- 6 ouă
- ½ cană apă caldă (110 grade)
- 3 linguri de zahăr
- 2 lingurite Sare
- 3 batoane plus 2 linguri
- Unt, temperatura camerei
- 1 galbenus de ou, batut

INSTRUCȚIUNI:
a) Preîncălziți cuptorul la 400 de grade F. Combinați drojdia și laptele într-un castron mic și amestecați pentru a dizolva drojdia.
b) Adăugați 1 cană de făină și amestecați pentru a omogeniza bine. Folosind un cuțit, răzuiți boabele de vanilie și amestecați pulpa în amestecul de drojdie.
c) Lăsați să stea la temperatura camerei într-un loc cald și ferit de curent timp de aproximativ 2 ore pentru a permite fermentarea.
d) Puneți 2 căni de făină într-un castron mare. Adaugă câte 4 ouă, pe rând, amestecând bine făina folosind o lingură de lemn cu fiecare adăugare. Aluatul va fi lipicios, gros și spongios.
e) Se adauga apa, zaharul si sarea si se amesteca bine, batand puternic. Adăugați 3 bețișoare de unt și amestecați-l în aluat cu mâinile până se omogenizează bine Adăugați restul de 2 ouă și amestecați bine în aluat. Adăugați restul de 2 căni de făină și amestecați în aluat, rupând orice cocoloașe cu degetele. Adăugați amestecul de drojdie.
f) Folosind mâinile, frământați și îndoiți starterul în aluat. Continuați să frământați și să pliați până când totul este bine amestecat, aproximativ 5 minute. Aluatul va fi lipicios și umed. Acoperiți cu o cârpă curată și lăsați să crească într-un loc cald, ferit de curenti de aer până când își dublează volumul, aproximativ 2 ore.

g) Pentru a face pâini, ungeți ușor două tavi de 9x5x3 inci cu restul de 2 linguri de unt. Pentru a face rulouri, ungeți cu unt 12 căni de brioșe de dimensiune standard. Cu degetele, loviți ușor aluatul. Împărțiți aluatul în 2 părți egale și puneți-l în tigăi.
h) Pentru rulouri, împărțiți aluatul în 12 porții egale și puneți-l în cupe de brioșe. Ungeți blaturile cu gălbenuș de ou. Acoperiți și lăsați să crească într-un loc cald, ferit de curenți, până își dublează volumul, aproximativ 1 oră.
i) Coaceți pâinile timp de 25 până la 30 de minute și rulourile timp de 20 de minute sau până când se rumenesc. Scoateți tigăile din cuptor și răciți pe grătare. Întoarceți pâinile sau rulourile din tigăi și răciți complet pe grătar.

11. Brioșă cu scorțișoară

INGREDIENTE:
- 1 pachet drojdie uscată
- 1 lingura de zahar
- ¼ cană lapte cald
- 2 cani de faina
- 1 lingurita Sare
- ¼ cană unt congelat, tăiat în bucăți
- 2 oua
- 2 linguri de unt topit
- 2 linguri de zahăr amestecat cu
- 2 lingurițe de scorțișoară

INSTRUCȚIUNI:

a) Presărați stafide peste zahărul de scorțișoară, de exemplu. Sau presara aluatul rulat cu fulgi de ciocolata impaturi-l in acelasi mod si vei ajunge cu o pain au chocolat placuta. Sau intindeti aluatul cu orice fel de dulceata de fructe... iti dai poza.

b) Combinați drojdia, zahărul și laptele într-un castron mic. Pune deoparte pentru dovada.

c) In robotul de bucatarie combinati faina, sarea si untul si pulsati pentru a taia untul fin. Adăugați amestecul de drojdie și pulsați din nou, apoi adăugați ouăle și procesați până când aluatul se adună într-o bilă care se desprinde curat de pe părțile laterale ale bolului de lucru și se învârte deasupra lamei. Procesați 1 minut. Apoi scoateți bila pe o masă ușor înfăinată și frământați 1-2 minute până se omogenizează.

d) Formați aluatul într-o bilă netedă și puneți-l într-un castron ușor uns cu ulei, întorcându-l pentru a acoperi toate părțile bilei. Acoperiți lejer cu folie de plastic. Puneți deoparte la loc cald să crească până când volumul se dublează, aproximativ 1½ până la 2 ore.

e) Alternativ, puneți bilele de aluat frământat într-o pungă de plastic ușor sigilată și puneți la frigider peste noapte. Aluatul va crește încet într-o pungă de plastic pentru alimente și trebuie doar adus la temperatura camerei înainte de a se întinde.

f) Când a crescut, tăiați aluatul în jos și aplatizați în dreptunghi. Pe o placă ușor făinată, întindeți până la ½" grosime. Dacă aluatul este pătrat, tăiați în jumătate. Ungeți suprafața de sus cu unt topit și presărați cu scorțișoară zahăr. Îndoiți partea lungă a dreptunghiului de aluat la ⅔ din aluat.

g) Îndoiți ⅓ rămasă de aluat ca în litera. Ungeți deasupra cu unt și stropiți din nou cu zahăr de scorțișoară. Tăiați în secțiuni de 2" lățime, transferați pe tava de copt neunsă. Lăsați din nou la dospit până se umflă, 15-20 de minute.

h) Coaceți la 350'F. 20-30 de minute, până devine maro deschis.

12.Brioşă cu ardei chilieni

INGREDIENTE:
- 3½ cană făină universală
- 1 pachet drojdie uscată activă
- ½ linguriță chili roșu uscat măcinat
- 1 lingura de apa calduta
- 1½ lingură de zahăr
- 1½ linguriță de sare
- ½ linguriță piper negru proaspăt măcinat
- ¼ cană ardei gras roșu; macinat, tocat, prajit si curatat de coaja, la temperatura camerei
- ½ kilograme de unt moale nesărat; tăiat în bucăți mici, plus
- 2 linguri de unt moale nesarat
- ⅓ cană Tocat; ardei iute poblano prăjiți și proaspăt curățați la temperatura camerei
- 5 ouă la temperatura camerei
- 2 linguri de lapte

INSTRUCȚIUNI:

a) În bolul unui mixer electric cu atașament cu paletă, combinați făina, zahărul, drojdia, sarea, chiliul măcinat și piperul negru; bate bine. Se amestecă scurt la viteză mică. Măriți viteza la medie și adăugați apă, lapte, ardei iute poblano și ardei gras; bate bine.

b) Adăugați ouăle, pe rând, amestecând bine după fiecare adăugare. Treceți pe cârligul de aluat și frământați timp de trei minute.

c) Aluatul va fi foarte lipicios. Adăugați untul în aluat, câte o bucată, și continuați să frământați până când aluatul este omogen și strălucitor și untul este complet încorporat, 10-20 de minute. Transferați aluatul într-un castron ușor uns cu unt și răsturnați aluatul pentru a-l acoperi uniform cu unt.

d) Acoperiți vasul cu folie de plastic și lăsați aluatul să crească într-un loc cald până când își dublează volumul, aproximativ trei ore. Tăiați aluatul și răsturnați-l pe o suprafață ușor înfăinată.

e) Cu mainile infainate puternic se framanta timp de cinci minute. Întoarceți-vă într-un castron uns cu unt și întoarceți

aluatul pentru a se acoperi uniform; acoperiți și răciți aluatul timp de cel puțin șase ore sau peste noapte la frigider.
f) Scoateți aluatul din frigider și modelați aluatul rece în două pâini mici.
g) Puneți în două tavi de 4x9 inci unse cu unt, acoperiți cu un prosop și lăsați să crească într-un loc cald până când aluatul umple formele de pâine și nu se întoarce când este apăsat ușor, aproximativ o oră. Preîncălziți cuptorul la 375 de grade.
h) Coaceți pâinile în mijlocul cuptorului până când sunt aurii și sună goale când sunt bătute, aproximativ 30 de minute.
i) Scoateți pâinile din cuptor și turnați-le pe grătare pentru a se răci.

13.Brioșă condimentată cu caș de cătină

INGREDIENTE:
- 1/2 brioșă
- 125 g zahăr tos
- 25 g cardamom măcinat
- 20 g scortisoara macinata
- 5 g nucșoară măcinată
- 2 linguri ulei de rapita
- Caș de cătină:
- 35 ml suc de catina
- 185 g zahăr tos
- 1 ou
- 55 g unt sarat
- 10 g faina de porumb

INSTRUCȚIUNI:
a) Se fierbe suc de cătină cu 100 g zahăr timp de 30 de minute.
b) Combinați amestecul de cătină într-o tigaie rece cu ingredientele rămase, amestecând la foc mediu timp de 6 minute.
c) Se ia de pe foc, se bate încă un minut.
d) Asigurați-vă că temperatura este între 80-85°C și răciți cu un capac pentru a preveni formarea pielii.
e) Preîncălziți cuptorul la 180°C/marca gaz 4.
f) Tăiați brioșa și tăiați 8 cuburi de 4 x 4 cm fiecare.
g) Amestecați bine toate ingredientele pentru brioșă condimentată (cu excepția brioșului).
h) Prăjiți cuburi de brioșă în puțin ulei de rapiță până devin aurii pe fiecare parte.
i) Rulați cuburile în amestecul de zahăr condimentat.
j) Se pune pe o tava de copt si se coace 10-15 minute sau pana se rumeneste.
k) Serviți cuburile de brioșă condimentate calde cu un castron mic de caș de cătină pregătit pentru înmuiere.

14.Chifle Hot Cross cu brioșă condimentată

INGREDIENTE:
ALUAT
- 600 g făină simplă plus încă pentru frământare
- 75 g zahăr tos
- 1 lingurita sare
- 7 g drojdie instant de coacere usor
- 2 linguri de scortisoara macinata
- 1/2 linguriță ienibahar măcinat
- 1/2 lingurita ghimbir macinat
- 1/4 lingurita nucsoara macinata
- 125 ml lapte integral sau semi-degresat
- 4 oua mari batute
- 150 g sultane
- 175 g unt nesarat la temperatura camerei
- 80 g coaja mixta
- 2 portocale – coaja

CRUCE
- 100 g făină simplă
- 90 ml apă

GLAZURĂ
- 2 linguri zahăr tos
- 2 linguri de apa fiarta

INSTRUCȚIUNI:
PENTRU ALUAT:
a) Puneți făina, zahărul, sarea, drojdia și condimentele într-un castron mare și amestecați împreună cu o spatulă de silicon până se omogenizează. Apoi faceți o fântână în centru și turnați laptele și ouăle bătute. Se amestecă cu spatula până se formează un aluat aspru. Apoi, făinează-ți suprafața de lucru și scotând aluatul din bol, frământați timp de 5 minute până când aluatul are o piele netedă. Apoi lăsați să se odihnească timp de cinci minute.

b) Între timp, puneți sultanele într-un castron mic rezistent la căldură și acoperiți cu apă clocotită. Apoi pune deoparte.

c) Adăugați untul în aluat, câte o lingură, frământând pe măsură ce mergeți, astfel încât untul să fie complet combinat. Va trebui să refăinați suprafața de lucru de câteva ori, deoarece aluatul va fi foarte lipicios. (Dacă aveți o racletă pentru aluat, aceasta vă va ajuta și la manevrarea aluatului.) Acest proces ar trebui să dureze aproximativ 10-15 minute.

d) Odată ce tot untul a fost combinat, continuați să frământați aluatul timp de încă 10 minute până când aluatul este neted și flexibil și nu mai este lipicios.

e) Scurgeți bine sultanele, apoi amestecați coaja amestecată și coaja de portocală. Apoi aplatizați ușor aluatul și împrăștiați peste fructe. Framantam putin aluatul pentru a combina bine fructele – aluatul va fi usor umed. Unge ușor un castron mare, pune aluatul înăuntru și acoperă cu folie alimentară. Se lasa la dospit cel putin o ora la loc caldut, pana cand aluatul isi dubleaza volumul.

f) Întindeți aluatul dovedit pe o suprafață de lucru ușor înfăinată și trântiți ușor înapoi pentru a elibera aerul. Apoi împărțiți în 12 bucăți egale și rulați în bile. Pune bilele pe o tava tapetata cu putin spatiu sa creasca. Se lasa apoi la dospit 45 de minute la loc caldut, pana se umfla. Între timp, preîncălziți cuptorul la 220C/200C Ventilator/Gas Mark 7.

PENTRU CRUCI:

g) În timp ce chiflele se dovedesc, faceți pasta combinând făina și apa într-un castron mic până se omogenizează bine. Apoi puneți într-o pungă și tăiați capătul pentru a crea o gaură medie.

h) Odată ce chiflele s-au dovedit, treceți linii verticale și orizontale peste fiecare chiflă. Apoi coaceți timp de 20 de minute până când se rumenesc.

PENTRU GLAZURI:

i) Odată ce chiflele sunt aproape terminate de coacere, combinați apa clocotită și zahărul într-un castron mic.

j) Scoateți chiflele din cuptor, apoi cu o pensulă de patiserie, ungeți glazura cât încă sunt fierbinți.

k) Se lasa apoi la racit pe un gratar de racit.

15.Pâine Brioche Condimentată Chai

INGREDIENTE:
PENTRU BRIOȘĂ:
- 250 ml (1 cană) lapte
- 1 1/2 linguriță ceai Chai din frunze vrac
- 6 păstăi de cardamom, învinețite
- 1 baton de scortisoara
- 2 anason stele
- 2 lingurite coaja de portocala rasa fin
- 7g plic drojdie uscată
- 70 g (1/3 cană) zahăr tos brut
- 2 oua
- 400 g (2 2/3 căni) făină de pâine simplă
- 100 g unt, la temperatura camerei, tăiate în bucăți de 1 cm

PENTRU UMPLUTURA:
- 150 g fistic, ușor prăjit
- 150 g unt, la temperatura camerei
- 70 g (1/3 cană) zahăr tos brut
- 55 g (1/4 cană) zahăr brun ambalat ferm
- 80 g făină simplă
- 2 linguri de ghimbir măcinat
- 2 linguri de scortisoara macinata
- 1/4 linguriță cardamom măcinat
- 1/4 linguriță cuișoare măcinate
- 1 lingura de mac

PENTRU GLAZURI:
- 2 linguri zahăr tos brut
- 2 linguri de apă
- 2 linguri de ceai chai din frunze vrac

INSTRUCȚIUNI:
LAPTE PENTRU SĂLUN:
a) Combinați laptele, ceaiul chai, cardamomul, scorțișoara, anasonul stelat și coaja de portocală într-o cratiță.
b) Se aduce la fierbere, apoi se fierbe timp de 2 minute. Se lasă deoparte 15 minute pentru a infuza și se răceşte ușor. Se strecoară printr-o sită într-un ulcior.

AMESTEC DE Drojdie:
c) Bateți drojdia și 1 lingură de zahăr în amestecul de lapte.

d) Lăsați-l să stea timp de 10 minute până devine spumos. Se amestecă oul.

ALEU DE BRIOCHE:
e) Procesați făina și zahărul rămas până se combină.
f) Adăugați amestecul de lapte și procesați până când aluatul se oprește.
g) Cu motorul pornit, adăugați untul treptat până se formează un aluat moale și lipicios.
h) Întoarceți aluatul pe o suprafață cu făină, frământați până se omogenizează și lăsați-l la dospit 1 oră până își dublează volumul.

UMPLERE:
i) Procesați fisticul până se toacă mărunt.
j) Adăugați unt, zaharuri, făină, ghimbir, scorțișoară, cardamom și cuișoare. Procesați până se combină.

MONTARE ȘI DOVARE:
k) Întindeți aluatul într-un dreptunghi de 50 cm x 30 cm.
l) Întindeți umplutura și stropiți cu semințe de mac.
m) Se rulează într-un buștean, se taie în jumătate pe lungime și se încrucișează pentru un efect de răsucire.
n) Se pune într-o tavă unsă cu unt, se acoperă și se lasă să se lase 45 de minute.

COACERE:
o) Preîncălziți cuptorul la 180C/160C forțat cu ventilator.
p) Coaceți timp de 55 de minute până la 1 oră sau până când devine auriu și o frigărui iese curată.

GLAZĂ DE ȘEZUL:
q) Într-o cratiță, combina zahărul, apa și ceaiul chai. Se fierbe până când zahărul se dizolvă și amestecul se îngroașă ușor.
r) Ungeți pâinea fierbinte cu glazura chai.
s) Lăsați-l să se răcească ușor în tigaie timp de 15 minute înainte de a servi cald.

16. Brioșă cu zahăr și condimente

INGREDIENTE:
PENTRU ALUATUL DE BRIOCHE:
- 2 1/4 căni (315 g) făină universală
- 2 1/4 căni (340 g) făină de pâine
- 1 1/2 pachete (3 1/4 linguriță) drojdie uscată activă
- 1/2 cană plus 1 lingură (82 g) zahăr
- 1 lingura sare
- 1/2 cană (120 g) apă rece
- 5 ouă mari
- 1 cană plus 6 linguri (2 3/4 bețe/310g) unt nesărat la temperatura camerei, tăiat în aproximativ 12 bucăți

PENTRU TOPING:
- 1/2 cană (100 g) zahăr
- 1/2 lingurita scortisoara macinata
- 1/4 lingurita ghimbir macinat
- 1/4 lingurita nucsoara macinata
- Ciupiți cuișoarele măcinate
- Ciupiți de sare
- 1/4 cană (56 g) unt nesărat, topit

INSTRUCȚIUNI:
PENTRU ALUATUL DE BRIOCHE:
a) Într-un mixer cu suport prevăzut cu cârligul pentru aluat, combinați făina universală, făina pentru pâine, drojdia, zahărul, sarea, apa și ouăle.
b) Bateți la viteză mică timp de 3 până la 4 minute până când ingredientele se îmbină.
c) Continuați să bateți la viteză mică încă 3 până la 4 minute; aluatul va fi tare și uscat.
d) La viteză mică, adăugați untul câte o bucată, asigurându-vă că fiecare bucată este complet amestecată înainte de a adăuga următoarea.
e) Amestecați la viteză mică timp de aproximativ 10 minute, răzuind ocazional părțile laterale și fundul vasului.
f) Măriți viteza la medie; bateți timp de 15 minute până când aluatul devine lipicios, moale și strălucitor.
g) Măriți viteza la mediu-mare; se bate aproximativ 1 minut pana cand aluatul are elasticitate.

h) Puneți aluatul într-un castron mare uns cu ulei, acoperiți cu folie de plastic și lăsați-l la frigider pentru cel puțin 6 ore sau peste noapte. Aluatul poate fi congelat în acest moment până la 1 săptămână.

PENTRU COFLE BRIOCHE:
i) Scoateți jumătate din aluat când sunteți gata să faceți chiflele.
j) Tapetați 10 căni dintr-o formă de brioșe standard de 12 căni cu căptușeală de hârtie sau unt și făină generos.
k) Pe o suprafață cu făină, presați aluatul într-un dreptunghi de 10 inci x 5 inci.
l) Tăiați aluatul în 10 fâșii egale de 1 inch x 5 inch, apoi tăiați fiecare fâșie în 5 bucăți, rezultând 50 de pătrate.
m) Puneți 5 pătrate în fiecare cană de brioșe, acoperiți cu folie de plastic și lăsați-o să crească într-un loc cald timp de aproximativ 1 1/2 oră până când se umflă și se moale.
n) Preîncălziți cuptorul la 350°F; coaceți timp de 25 până la 35 de minute până când se rumenesc.
o) Lasă chiflele să se răcească timp de 5 până la 10 minute pe un grătar.

PENTRU TOPING:
p) Combinați zahărul, condimentele și sarea într-un castron mic.
q) Ungeți blaturile chiflelor cu unt topit și rulați în amestecul de zahăr pentru a se acoperi uniform.
r) Chiflele se servesc cel mai bine în 4 ore de la coacere. Acestea pot fi păstrate într-un recipient etanș timp de până la 1 zi, apoi reîncălzite într-un cuptor la 300°F timp de 5 minute.

17. Chifle de brioche condimentate cu turmeric

INGREDIENTE:
PENTRU ALUATUL DE BRIOCHE:
- 2 1/4 căni (315 g) făină universală
- 2 1/4 căni (340 g) făină de pâine
- 1 1/2 pachete (3 1/4 linguriță) drojdie uscată activă
- 1/2 cană plus 1 lingură (82 g) zahăr
- 1 lingura sare
- 1/2 cană (120 g) apă rece
- 5 ouă mari
- 1 cană plus 6 linguri (2 3/4 bețe/310g) unt nesărat la temperatura camerei, tăiat în aproximativ 12 bucăți
- 1 1/2 linguriță turmeric măcinat (pentru culoarea vibrantă și condimentul subtil)

PENTRU TOPING:
- 1/2 cană (100 g) zahăr
- 1/2 lingurita scortisoara macinata
- 1/4 lingurita ghimbir macinat
- 1/4 lingurita nucsoara macinata
- Ciupiți cuișoarele măcinate
- Ciupiți de sare
- 1/4 cană (56 g) unt nesărat, topit

INSTRUCȚIUNI:
PENTRU ALUATUL DE BRIOCHE:
a) Într-un mixer cu suport prevăzut cu cârligul pentru aluat, combinați făina universală, făina de pâine, drojdia, zahărul, sarea, apa, ouăle și turmericul măcinat.
b) Bateți la viteză mică timp de 3 până la 4 minute până când ingredientele se îmbină.
c) Continuați să bateți la viteză mică încă 3 până la 4 minute; aluatul va fi tare și uscat.
d) La viteză mică, adăugați untul câte o bucată, asigurându-vă că fiecare bucată este complet amestecată înainte de a adăuga următoarea.
e) Amestecați la viteză mică timp de aproximativ 10 minute, răzuind ocazional părțile laterale și fundul vasului.
f) Măriți viteza la medie; bateți timp de 15 minute până când aluatul devine lipicios, moale și strălucitor.

g) Măriți viteza la mediu-mare; se bate aproximativ 1 minut pana cand aluatul are elasticitate.
h) Puneți aluatul într-un castron mare uns cu ulei, acoperiți cu folie de plastic și lăsați-l la frigider pentru cel puțin 6 ore sau peste noapte. Aluatul poate fi congelat în acest moment până la 1 săptămână.

PENTRU COFLE BRIOCHE:
i) Scoateți jumătate din aluatul condimentat cu turmeric când sunteți gata să faceți chiflele.
j) Tapetați 10 căni dintr-o formă de brioșe standard de 12 căni cu căptușeală de hârtie sau unt și făină generos.
k) Pe o suprafață cu făină, presați aluatul într-un dreptunghi de 10 inci x 5 inci.
l) Tăiați aluatul în 10 fâșii egale de 1 inch x 5 inch, apoi tăiați fiecare fâșie în 5 bucăți, rezultând 50 de pătrate.
m) Puneți 5 pătrate în fiecare cană de brioșe, acoperiți cu folie de plastic și lăsați-o să crească într-un loc cald timp de aproximativ 1 1/2 oră până când se umflă și se moale.
n) Preîncălziți cuptorul la 350°F; coaceți timp de 25 până la 35 de minute până când se rumenesc.
o) Lasă chiflele să se răcească timp de 5 până la 10 minute pe un grătar.
p) Combinați zahărul, condimentele și sarea într-un castron mic.
q) Ungeți blaturile chiflelor cu unt topit și rulați în amestecul de zahăr pentru a se acoperi uniform.

18.Brioșă cu scortișoară cu zahăr

INGREDIENTE:
- 3 1/4 căni de făină universală
- 1/4 cană zahăr granulat
- 1 lingurita sare
- 1 pachet drojdie uscată activă
- 1/2 cană lapte cald
- 3 ouă mari
- 1 cană unt nesărat, înmuiat
- 1/2 cană zahăr brun
- 2 linguri scortisoara macinata

INSTRUCȚIUNI:
a) Într-un castron, combinați laptele cald și drojdia. Lasă-l să stea 5 minute până devine spumos.
b) Într-un castron mare, amestecați făina, zahărul granulat și sarea. Adăugați amestecul de drojdie și ouăle, frământați până se omogenizează.
c) Se incorporeaza untul inmuiat si se framanta pana cand aluatul este elastic.
d) Se acopera si se lasa sa creasca pana isi dubleaza volumul.
e) Întindeți aluatul, întindeți zahăr brun și scorțișoară, apoi rulați-l într-un buștean.
f) Tăiați în porții, puneți într-o tavă unsă cu unsoare și lăsați din nou să crească.
g) Coaceți la 350°F (175°C) timp de 25-30 de minute.

19.Rulouri de brioșă cu stafide și nucșoară

INGREDIENTE:
- 4 cani de faina de paine
- 1/4 cană zahăr
- 1 lingurita sare
- 1 pachet drojdie instant
- 1 cană lapte cald
- 3 ouă mari
- 1/2 cana unt nesarat
- 1/2 cană stafide
- 1 lingurita nucsoara macinata

INSTRUCȚIUNI:
a) Combinați făina, zahărul și sarea într-un castron.
b) Se amestecă laptele cald, drojdia și se lasă să stea 10 minute.
c) Adăugați ouăle, untul înmuiat, nucșoara și stafidele la amestecul de făină.
d) Se framanta pana se omogenizeaza, se lasa sa creasca pana se dubleaza.
e) Se modelează rulouri, se pun pe o tavă de copt și se lasă din nou la crescut.
f) Coaceți la 375 ° F (190 ° C) timp de 20-25 de minute.

20. Brioșă cu cardamom și portocale

INGREDIENTE:
- 3 1/2 căni de făină universală
- 1/4 cană zahăr
- 1 lingurita sare
- 1 pachet drojdie uscată activă
- 1 cană lapte cald
- 3 ouă mari
- 1/2 cana unt nesarat
- Zeste de 1 portocală
- 1 lingură cardamom măcinat

INSTRUCȚIUNI:
a) Se amestecă laptele cald și drojdia, se lasă să facă spumă.
b) Combinați făina, zahărul și sarea. Adăugați amestecul de drojdie, ouăle, untul, cardamomul și coaja de portocală. Se framanta pana se omogenizeaza.
c) Lasam sa creasca, apoi impartim si modelam aluatul.
d) Răsuciți fiecare bucată și puneți-o într-o tavă unsă cu unsoare.
e) Lăsați din nou să crească, apoi coaceți la 350°F (175°C) timp de 30 de minute.

21. Pâine brioșă turtă dulce

INGREDIENTE:
- 4 cani de faina de paine
- 1/3 cană zahăr brun
- 1 lingurita sare
- 1 pachet drojdie instant
- 1 cană lapte cald
- 3 ouă mari
- 1/2 cana unt nesarat
- 1/4 cană melasă
- 1 lingura de ghimbir macinat
- 1 lingurita scortisoara macinata

INSTRUCȚIUNI:
a) Se dizolvă drojdia în lapte cald, se lasă să stea 5 minute.
b) Se amestecă făina, zahărul brun, sarea, ghimbirul și scorțișoara.
c) Adăugați amestecul de drojdie, ouăle, untul înmuiat și melasa. Se framanta pana se omogenizeaza.
d) Se lasa sa creasca, se modeleaza o paine si se pune intr-o tava unsa cu unt.
e) Lăsați din nou să crească, apoi coaceți la 375°F (190°C) timp de 35-40 de minute.

22. Noduri de brioșă cu condimente de dovleac

INGREDIENTE:
- 3 1/2 căni de făină universală
- 1/4 cană zahăr
- 1 lingurita sare
- 1 pachet drojdie uscată activă
- 1/2 cană lapte cald
- 3 ouă mari
- 1/2 cană unt nesărat, înmuiat
- 1/2 cană piure de dovleac
- 1 lingurita scortisoara macinata
- 1/2 lingurita nucsoara macinata

INSTRUCȚIUNI:
a) Amestecați laptele cald și drojdia, lăsați-o să se înmoaie.
b) Combinați făina, zahărul, sarea, scorțișoara și nucșoara.
c) Adăugați amestecul de drojdie, ouăle, untul înmuiat și piureul de dovleac. Se framanta pana se omogenizeaza.
d) Se lasă să crească, se formează noduri și se pune pe o tavă de copt.
e) Lăsați din nou să crească, apoi coaceți la 350°F (175°C) timp de 25-30 de minute.

23. Vârtejuri de brioșă condimentată Chai

INGREDIENTE:
- 4 cani de faina de paine
- 1/4 cană zahăr
- 1 lingurita sare
- 1 pachet drojdie instant
- 1 cană ceai Chai cald (preparat și răcit)
- 3 ouă mari
- 1/2 cana unt nesarat, topit
- 1 lingura scortisoara macinata
- 1/2 linguriță cardamom măcinat

INSTRUCȚIUNI:
a) Preparați ceaiul chai și lăsați-l să se răcească. Se amestecă cu drojdia și se lasă să stea 10 minute.
b) Combinați făina, zahărul, sarea, scorțișoara și cardamomul.
c) Adăugați amestecul de chai, ouăle și untul topit. Se framanta pana se omogenizeaza.
d) Lăsați-l să crească, întindeți-l și întindeți mai multă scorțișoară și cardamom.
e) Se rulează într-un buștean, se taie în vârtejuri, se pune într-o tigaie și se lasă din nou la crescut.
f) Coaceți la 375 ° F (190 ° C) timp de 20-25 de minute.

24.Briose cu cidru de mere

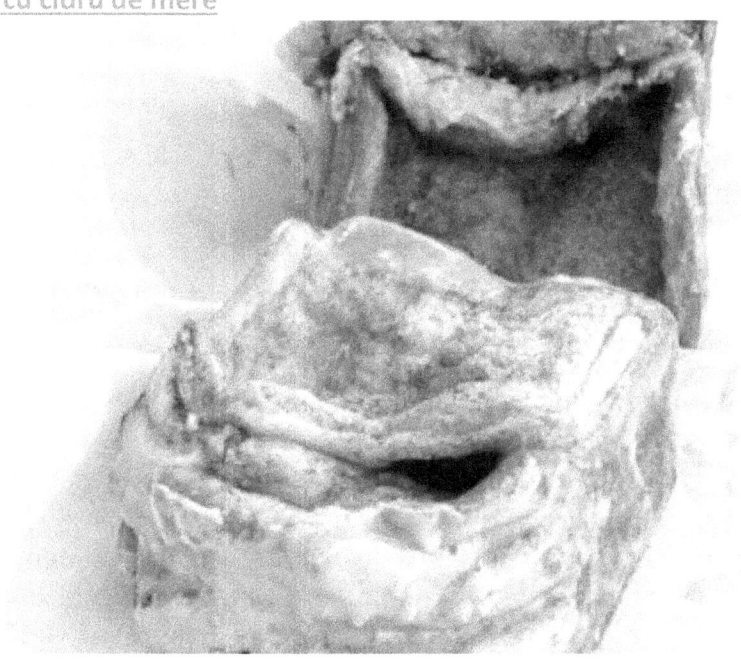

INGREDIENTE:
- 3 1/4 căni de făină universală
- 1/4 cană zahăr
- 1 lingurita sare
- 1 pachet drojdie uscată activă
- 1/2 cană de cidru de mere cald
- 3 ouă mari
- 1/2 cană unt nesărat, înmuiat
- 2 cani de mere taiate cubulete (decojite)
- 1 lingurita scortisoara macinata

INSTRUCȚIUNI:
a) Se amestecă cidrul de mere cald şi drojdia, se lasă să facă spumă.
b) Combinați făina, zahărul, sarea şi scorţişoara.
c) Adăugaţi amestecul de drojdie, ouăle, untul înmuiat şi merele tăiate cubuleţe. Se framanta pana se omogenizeaza.
d) Se lasă să crească, se modelează brioşe şi se pun în cupe de brioşe.
e) Lăsați din nou să crească, apoi coaceți la 350°F (175°C) timp de 20-25 de minute.

25. Coroană de brioș cu cardamom vanilie

INGREDIENTE:
- 4 cani de faina de paine
- 1/3 cană zahăr
- 1 lingurita sare
- 1 pachet drojdie instant
- 1 cană lapte cald
- 3 ouă mari
- 1/2 cana unt nesarat, topit
- 1 lingura extract de vanilie
- 1 lingurita cardamom macinat

INSTRUCȚIUNI:
a) Se amestecă laptele cald şi drojdia, se lasă să stea 5 minute.
b) Combinați făina, zahărul, sarea şi cardamomul.
c) Adăugați amestecul de drojdie, ouăle, untul topit şi extractul de vanilie. Se framanta pana se omogenizeaza.
d) Lăsați-l să crească, întindeți-l, modelați o coroană şi puneți-l pe o tavă de copt.
e) Lăsați din nou să crească, apoi coaceți la 375°F (190°C) timp de 30-35 de minute.

BRIOCHE REGIONALE

26. Brioșă clasică franceză

INGREDIENTE:
- ¼ cană lapte integral
- 2 lingurite drojdie instant
- 4 ouă mari, împărțite
- 2⅔ cani de faina de paine (sau faina T55)
- 3 linguri de zahar granulat
- 2 lingurite sare kosher
- ⅔ ceasca de unt nesarat, la temperatura camerei (65 - 70°F), plus mai mult pentru ungere

INSTRUCȚIUNI:
a) Faceți aluatul: Într-un castron mediu, amestecați ușor laptele, drojdia și 3 ouă. Adăugați făina, zahărul și sarea și amestecați până când se formează un aluat umplut. Întoarceți aluatul pe o bancă curată și frământați timp de 6 până la 8 minute (sau transferați-l într-un mixer și frământați timp de 4 până la 5 minute la viteză mică) până se omogenizează.

b) Aluatul se pune inapoi in bol si se amesteca cate putin untul, fie cu mana, fie cu carligul de aluat, si se framanta in continuare pana untul este bine incorporat.

c) Acoperiți cu un prosop și lăsați deoparte 1 până la 1 oră și jumătate la temperatura camerei. Aluatul trebuie să dubleze volumul. (Acest timp va varia, în funcție de temperatura din bucătărie.)

FORMATĂ și COACE:
d) Transferați bolul la frigider pentru cel puțin 2 ore înainte de modelare. Cu cât aluatul este mai rece, cu atât va fi mai ușor și mai puțin lipicios de lucrat.

e) Odată cc aluatul s-a răcit, folosiți o racletă de banc pentru a-l împărți uniform în 6 bucăți egale, folosind o cântare dacă aveți.

f) Stropiți ușor partea de sus a fiecărei bucăți cu făină.

g) Aplatizați ușor o bucată de aluat, apoi folosiți vârfurile degetelor pentru a trage marginile aluatului în centru și strângeți-l pentru a forma o rotundă aspră. Întoarceți runda. Cupă aluatul în mână și, folosind mânerul băncii, rotiți rotundul pe masă pentru a strânge cusătura.

h) Pudrați blatul cu făină dacă este necesar pentru a nu se lipi de mână. Lucrați rapid pentru a evita încălzirea prea rapidă a grăsimii. Repetați cu rundele rămase.
i) Ungeți o tavă de pâine cu unt. Transferați rondele pe cusătura tigaii în jos, aliniindu-le două câte două. Acoperiți cu un prosop și lăsați deoparte 1½ până la 2 ore, până când marshmallow are textură și își dublează volumul.
j) După 1 oră de fermentare, preîncălziți cuptorul la 375°F.
k) Bateți restul de 1 ou cu un strop de apă și ungeți ușor această glazură peste pâine.
l) Coaceți timp de 30 până la 35 de minute, până când pâinea devine maro aurie și un termometru introdus în centru înregistrează aproximativ 200 ° F.
m) Întoarceți imediat pâinea pe un grătar de răcire, întoarceți-o cu partea dreaptă în sus și lăsați-o să stea timp de 15 până la 20 de minute înainte de a o feli.

27.O brioșă americană

INGREDIENTE:
- ½ cană de lapte
- ½ cană de unt
- ⅓ cană de zahăr
- 1 lingurita Sare
- 1 pachet Drojdie
- ¼ cană apă caldă
- 1 ou; separat
- 3 ouă întregi; bătut
- 3¼ cană făină; cernute

INSTRUCȚIUNI:
a) Se opărește laptele și se răcește până la călduț.
b) Crema unt, adaugand zaharul treptat. Adauga sare.
c) Înmoaie drojdia în apă.
d) Amestecați laptele, amestecul de smântână și drojdia. Adăugați gălbenușul de ou, ouăle întregi și făina și bateți cu o lingură de lemn timp de 2 minute.
e) Acoperiți și lăsați să crească într-un loc cald până când își dublează volumul, aproximativ 2 ore sau mai puțin.
f) Se amestecă și se bate bine. Acoperiți strâns cu folie și dați la frigider peste noapte.
g) Preîncălziți cuptorul la cald (425F); așezați suportul aproape de jos.
h) Se amestecă aluatul în jos și se răstoarnă pe o masă înfăinată. Tăiați puțin mai puțin de un sfert din aluat și rezervați.
i) Tăiați aluatul rămas în 16 bucăți și formați bile de dimensiuni egale.
j) Puneți într-o tavă pentru brioșe bine unsă (2 /¾ x 1¼ inci adâncime).
k) Tăiați bucata mai mică de aluat în 16 bucăți și formați bile netede. Umeziți ușor degetul și faceți o adâncime în fiecare minge mare. Pune o bila mica in fiecare depresiune. Se acopera si se lasa la crescut intr-un loc cald pana se dubleaza volumul, aproximativ 1 ora.
l) Bateți albușul rămas cu o linguriță de zahăr. Ungeți brioșă. Coaceți până se rumenește, sau 15 - 20 de minute.

28.Brioşă elveţiană cu ciocolată

INGREDIENTE:
PENTRU ALUATUL DE BRIOȘĂ:
- 3 1/4 căni de făină universală
- 1/4 cană zahăr granulat
- 1 1/4 linguriță drojdie uscată activă
- 1/2 cană lapte cald
- 3 ouă mari
- 1 lingurita sare
- 1 cană unt nesărat, înmuiat

PENTRU UMPLURE:
- 1 până la 1 1/2 cană chipsuri de ciocolată elvețiană

PENTRU SPĂLARE OUĂ:
- 1 ou, batut

INSTRUCȚIUNI:
ACTIVAȚI DROJDIA:
a) Într-un castron mic, combinați laptele cald și un praf de zahăr. Se presara drojdia peste lapte si se lasa sa stea 5-10 minute pana devine spumoasa.

PREGĂTIȚI ALUATUL:
b) Într-un castron mare, combinați făina, zahărul și sarea. Faceți o fântână în centru și adăugați amestecul de drojdie activată și ouăle bătute. Se amestecă până se formează un aluat lipicios.

c) Adăugați treptat untul înmuiat, câte o lingură, amestecând bine între adăugiri. Framantam aluatul pe o suprafata infainata pentru aproximativ 10-15 minute pana devine neted si elastic.

PRIMA RIDICARE:
d) Puneți aluatul într-un vas ușor uns cu ulei, acoperiți-l cu folie de plastic sau o cârpă umedă și lăsați-l la crescut la loc cald timp de 1-2 ore sau până își dublează volumul.

ADĂUGAȚI CHIPSURI DE CIOCOLATĂ:
e) Loviți ușor aluatul crescut și frământați fulgii de ciocolată elvețiană până se distribuie uniform.

f) Împărțiți aluatul în părți egale și modelați-le în forma dorită - fie o pâine, rulouri sau orice altă formă pe care o preferați.

A DOUA ASCENSIUNE:
g) Asezam aluatul modelat pe o tava tapetata cu hartie de copt. Se acopera si se lasa din nou sa creasca aproximativ 1 ora.
h) Preîncălziți cuptorul la 350°F (180°C). Ungeți brioșul crescut cu oul bătut pentru a-i oferi un finisaj strălucitor.

COACE:
i) Coaceți în cuptorul preîncălzit timp de 25-30 de minute sau până când brioșa devine maro aurie și sună goală când este bătută pe fund.
j) Lăsați brioșul elvețian cu așchii de ciocolată să se răcească pe un grătar înainte de a tăia și a servi.

29.Brioşă provensală cu lămâie şi lavandă

INGREDIENTE:
PENTRU ALUATUL DE BRIOȘĂ:
- 3 1/4 căni de făină universală
- 1/4 cană zahăr granulat
- 1 1/4 linguriță drojdie uscată activă
- 1/2 cană lapte cald
- 3 ouă mari
- 1 lingurita sare
- 1 cană unt nesărat, înmuiat

PENTRU AROMARE:
- Coaja a 2 lămâi
- 1 lingură de lavandă culinară uscată (asigurați-vă că este de calitate alimentară)

PENTRU SPĂLAREA OUĂLOR:
- 1 ou, batut

GLAZURĂ OPȚIONALĂ:
- 1 cană de zahăr pudră
- 2 linguri suc de lamaie
- 1 lingurita de lavanda culinara uscata (optional, pentru garnitura)

INSTRUCȚIUNI:
ACTIVAȚI DROJDIA:
a) Într-un castron mic, combinați laptele cald și un praf de zahăr. Se presara drojdia peste lapte si se lasa sa stea 5-10 minute pana devine spumoasa.

PREGĂTIȚI ALUATUL:
b) Într-un castron mare, combinați făina, zahărul, sarea, coaja de lămâie și levănțica uscată. Faceți o fântână în centru și adăugați amestecul de drojdie activată și ouăle bătute. Se amestecă până se formează un aluat lipicios.

c) Adăugați treptat untul înmuiat, câte o lingură, amestecând bine între adăugiri. Framantam aluatul pe o suprafata infainata pentru aproximativ 10-15 minute pana devine neted si elastic.

PRIMA RIDICARE:
d) Puneți aluatul într-un vas ușor uns cu ulei, acoperiți-l cu folie de plastic sau o cârpă umedă și lăsați-l la crescut la loc cald timp de 1-2 ore sau până își dublează volumul.

FORMA ȘI A DOUA ÎNALTĂ:
e) Loviți aluatul crescut și modelați-l în forma dorită - o pâine, rulouri sau altă formă. Asezam aluatul modelat pe o tava tapetata cu hartie de copt. Se acopera si se lasa din nou sa creasca aproximativ 1 ora.
f) Preîncălziți cuptorul la 350°F (180°C). Ungeți brioșul crescut cu oul bătut pentru a-i oferi un finisaj strălucitor.

COACE:
g) Coaceți în cuptorul preîncălzit timp de 25-30 de minute sau până când brioșa devine maro aurie și sună goală când este bătută pe fund.
h) Dacă doriți, amestecați zahărul pudră și sucul de lămâie pentru a face o glazură. Se stropește peste brioșul răcit și se stropește cu lavandă uscată pentru ornat.
i) Lăsați brioșul provensal cu lămâie și lavandă să se răcească pe un grătar înainte de a feli și de a servi.

30. Brioșă de sud cu scorțișoară și nuci pecan

INGREDIENTE:
PENTRU ALUATUL DE BRIOȘĂ:
- 3 1/4 căni de făină universală
- 1/4 cană zahăr granulat
- 1 1/4 linguriță drojdie uscată activă
- 1/2 cană lapte cald
- 3 ouă mari
- 1 lingurita sare
- 1 cană unt nesărat, înmuiat

PENTRU Umplutură cu scorțișoară și nuci pecane:
- 1/2 cană unt nesărat, înmuiat
- 1 cană de zahăr brun, ambalat
- 2 linguri scortisoara macinata
- 1 cană nuci pecan tocate

PENTRU SPĂLAREA OUĂLOR:
- 1 ou, batut

INSTRUCȚIUNI:
ACTIVAȚI DROJDIA:
a) Într-un castron mic, combinați laptele cald și un praf de zahăr. Se presara drojdia peste lapte si se lasa sa stea 5-10 minute pana devine spumoasa.

PREGĂTIȚI ALUATUL:
b) Într-un castron mare, combinați făina, zahărul și sarea. Faceți o fântână în centru și adăugați amestecul de drojdie activată și ouăle bătute. Se amestecă până se formează un aluat lipicios.

c) Adăugați treptat untul înmuiat, câte o lingură, amestecând bine între adăugiri. Framantam aluatul pe o suprafata infainata pentru aproximativ 10-15 minute pana devine neted si elastic.

PRIMA RIDICARE:
d) Puneți aluatul într-un vas ușor uns cu ulei, acoperiți-l cu folie de plastic sau o cârpă umedă și lăsați-l la crescut la loc cald timp de 1-2 ore sau până își dublează volumul.

PREGĂTIȚI UMPLUTURA:
e) Într-un castron mediu, amestecați untul înmuiat, zahărul brun, scorțișoara măcinată și nucile pecan tocate pentru a crea umplutura.

f) Tăiați aluatul crescut și întindeți-l într-un dreptunghi mare pe o suprafață cu făină. Întindeți uniform umplutura de scorțișoară și nuci pecan peste aluat.
g) Rulați strâns aluatul dintr-o parte lungă pentru a forma un buștean. Tăiați bușteanul în chifle sau felii de dimensiuni egale.

A DOUA ASCENSIUNE:
h) Asezati chiflele taiate pe o tava tapetata cu hartie de copt. Acoperiți și lăsați-le din nou să crească aproximativ 1 oră.
i) Preîncălziți cuptorul la 350°F (180°C). Ungeți chiflele crescute cu oul bătut pentru a le oferi un finisaj strălucitor.

COACE:
j) Coacem in cuptorul preincalzit pentru 20-25 de minute sau pana cand chiflele devin maro auriu.
k) Lăsați brioșul de sud cu scorțișoară și nuci pecan să se răcească pe un grătar înainte de servire.

31.Cardamom scandinav-brioș portocaliu

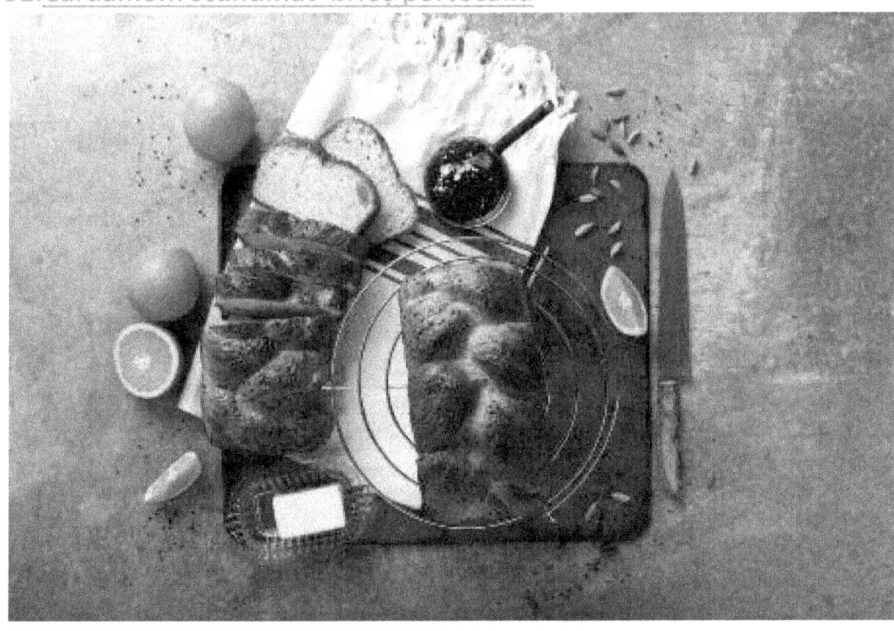

INGREDIENTE:
PENTRU ALUATUL DE BRIOȘĂ:
- 3 1/4 căni de făină universală
- 1/4 cană zahăr granulat
- 1 1/4 linguriță drojdie uscată activă
- 1/2 cană lapte cald
- 3 ouă mari
- 1 lingurita sare
- 1 cană unt nesărat, înmuiat

PENTRU UMPLUREA CARDAMOM-PORTOCALE:
- Coaja a 2 portocale
- 1 până la 2 linguri de cardamom măcinat (ajustați după gust)
- 1/2 cană zahăr granulat
- 1/4 cană unt nesărat, înmuiat

PENTRU SPĂLARE OUĂ:
- 1 ou, batut

GLAZURĂ OPȚIONALĂ:
- 1 cană de zahăr pudră
- 2 linguri suc de portocale
- Coaja de portocala pentru garnitura

INSTRUCȚIUNI:
ACTIVAȚI DROJDIA:
a) Într-un castron mic, combinați laptele cald și un praf de zahăr. Se presara drojdia peste lapte si se lasa sa stea 5-10 minute pana devine spumoasa.

PREGĂTIȚI ALUATUL:
b) Într-un castron mare, combinați făina, zahărul, sarea, coaja de portocală și cardamomul măcinat. Faceți o fântână în centru și adăugați amestecul de drojdie activată și ouăle bătute. Se amestecă până se formează un aluat lipicios.

c) Adăugați treptat untul înmuiat, câte o lingură, amestecând bine între adăugiri. Framantam aluatul pe o suprafata infainata pentru aproximativ 10-15 minute pana devine neted si elastic.

PRIMA RIDICARE:
d) Puneți aluatul într-un vas ușor uns cu ulei, acoperiți-l cu folie de plastic sau o cârpă umedă și lăsați-l la crescut la loc cald timp de 1-2 ore sau până își dublează volumul.

PREGĂTIȚI UMPLUTURA:
e) Într-un castron mic, amestecați coaja de portocală, cardamomul măcinat, zahărul și untul moale pentru a crea umplutura.
f) Tăiați aluatul crescut și întindeți-l într-un dreptunghi mare pe o suprafață cu făină. Întindeți uniform umplutura de cardamom-portocale peste aluat.
g) Rulați strâns aluatul dintr-o parte lungă pentru a forma un buștean. Tăiați bușteanul în chifle sau felii de dimensiuni egale.

A DOUA ASCENSIUNE:
h) Asezati chiflele taiate pe o tava tapetata cu hartie de copt. Acoperiți și lăsați-le din nou să crească aproximativ 1 oră.
i) Preîncălziți cuptorul la 350°F (180°C). Ungeți chiflele crescute cu oul bătut pentru a le oferi un finisaj strălucitor.

COACE:
j) Coacem in cuptorul preincalzit pentru 20-25 de minute sau pana cand chiflele devin maro auriu.
k) Dacă doriți, amestecați zahărul pudră și sucul de portocale pentru a face o glazură. Se stropește peste brioșul răcit și se stropește cu coaja de portocală pentru decor.
l) Lăsați brioșul scandinav cu cardamom și portocale să se răcească pe un grătar înainte de servire.

32.Alsacian Kugelhopf Brioche

INGREDIENTE:
- 3 1/2 căni de făină universală
- 1/4 cană zahăr
- 1 lingurita sare
- 1 pachet drojdie uscată activă
- 1/2 cană lapte cald
- 3 ouă mari
- 1/2 cană unt nesărat, înmuiat
- 1/2 cană stafide
- 1/4 cana migdale tocate
- 1 lingurita extract de migdale

INSTRUCȚIUNI:
a) Amestecați laptele cald și drojdia, lăsați-o să se înmoaie.
b) Combinați făina, zahărul și sarea. Adăugați amestecul de drojdie, ouăle și untul înmuiat. Se framanta pana se omogenizeaza.
c) Adăugați stafide, migdale și extract de migdale.
d) Se lasă să crească, se modelează într-o formă tradițională Kugelhopf și se lasă să crească din nou.
e) Coaceți la 350°F (175°C) timp de 35-40 de minute.

33. Fougasse Brioche provensală

INGREDIENTE:
- 3 1/4 cani de faina de paine
- 1/4 cană zahăr
- 1 lingurita sare
- 1 pachet drojdie instant
- 1/2 cană apă caldă
- 3 ouă mari
- 1/2 cană ulei de măsline
- 1/4 cana masline negre tocate
- 1 lingura rozmarin proaspat tocat

INSTRUCȚIUNI:
a) Dizolvați drojdia în apă caldă, lăsați-o să stea 5 minute.
b) Combinați făina, zahărul și sarea. Adăugați amestecul de drojdie, ouăle și uleiul de măsline. Se framanta pana se omogenizeaza.
c) Încorporați măsline și rozmarin tocate.
d) Lăsați să crească, modelați un model Fougasse și lăsați-l să crească din nou.
e) Coaceți la 375 ° F (190 ° C) timp de 25-30 de minute.

34. Brioșă suedeză cu șofran Lussekatter

INGREDIENTE:
- 4 căni de făină universală
- 1/2 cană zahăr
- 1 lingurita sare
- 1 pachet drojdie uscată activă
- 1 cană lapte cald
- 3 ouă mari
- 1/2 cana unt nesarat, topit
- 1/2 linguriță fire de șofran (înmuiate în lapte cald)
- Stafide pentru decor

INSTRUCȚIUNI:
a) Se amestecă laptele cald și drojdia, se lasă să facă spumă.
b) Combinați făina, zahărul și sarea. Adăugați amestecul de drojdie, ouăle, untul topit și laptele infuzat cu șofran. Se framanta pana se omogenizeaza.
c) Se lasă să crească, se modelează rulouri în formă de S (Lussekatter) și se pune deasupra stafidele.
d) Lăsați din nou să crească, apoi coaceți la 375°F (190°C) timp de 20-25 de minute.

35. Panettone brioșă italiană

INGREDIENTE:
- 3 1/2 cani de faina de paine
- 1/2 cană zahăr
- 1 lingurita sare
- 1 pachet drojdie instant
- 1/2 cană lapte cald
- 3 ouă mari
- 1/2 cană unt nesărat, înmuiat
- 1/2 cană coajă de portocală confiată
- 1/2 cană stafide
- 1 lingurita extract de vanilie

INSTRUCȚIUNI:
a) Se dizolvă drojdia în lapte cald, se lasă să stea 5 minute.
b) Combinați făina, zahărul și sarea. Adăugați amestecul de drojdie, ouăle, untul înmuiat și extractul de vanilie. Se framanta pana se omogenizeaza.
c) Încorporați coaja de portocală confiată și stafide.
d) Se lasa sa creasca, se modeleaza un panettone rotund si se lasa din nou sa creasca.
e) Coaceți la 350°F (175°C) timp de 45-50 de minute.

36.Brioșă japoneză Matcha Melonpan

INGREDIENTE:
- 3 1/2 cani de faina de paine
- 1/4 cană zahăr
- 1 lingurita sare
- 1 pachet drojdie instant
- 1/2 cană lapte cald
- 3 ouă mari
- 1/2 cană unt nesărat, înmuiat
- 2 linguri pudra matcha
- Topping de pepene galben (aluat de biscuiti)

INSTRUCȚIUNI:
a) Se dizolvă drojdia în lapte cald, se lasă să stea 5 minute.
b) Combinați făina, zahărul, sarea și praful de matcha. Adăugați amestecul de drojdie, ouăle și untul înmuiat. Se framanta pana se omogenizeaza.
c) Se lasă să crească, se împarte în porții și se modelează cu topping de pepene galben.
d) Lăsați din nou să crească, apoi coaceți la 375°F (190°C) timp de 20-25 de minute.

37. Brioş marocan cu flori de portocal

INGREDIENTE:
- 3 1/4 căni de făină universală
- 1/4 cană zahăr
- 1 lingurita sare
- 1 pachet drojdie uscată activă
- 1/2 cană apă caldă
- 3 ouă mari
- 1/2 cana unt nesarat, topit
- Coaja a 2 portocale
- 2 linguri de apă de floare de portocal

INSTRUCȚIUNI:
a) Amesteca apa calduta si drojdia, lasa sa se infuzeze.
b) Combinați făina, zahărul și sarea. Adăugați amestecul de drojdie, ouăle, untul topit, coaja de portocală și apă de floare de portocal. Se framanta pana se omogenizeaza.
c) Se lasa sa creasca, se modeleaza o paine rotunda si se lasa din nou sa creasca.
d) Coaceți la 350°F (175°C) timp de 30-35 de minute.

38.Cardamom indian și brioș cu șofran

INGREDIENTE:
- 4 cani de faina de paine
- 1/3 cană zahăr
- 1 lingurita sare
- 1 pachet drojdie instant
- 1 cană lapte cald
- 3 ouă mari
- 1/2 cană unt nesărat, înmuiat
- 1 lingură cardamom măcinat
- 1/2 linguriță fire de șofran (înmuiate în lapte cald)

INSTRUCȚIUNI:
a) Se dizolvă drojdia în lapte cald, se lasă să stea 5 minute.
b) Combinați făina, zahărul, sarea și cardamomul măcinat. Adăugați amestecul de drojdie, ouăle, untul înmuiat și laptele infuzat cu șofran. Se framanta pana se omogenizeaza.
c) Se lasă să crească, se modelează o pâine împletită și se lasă din nou la crescut.
d) Coaceți la 375 ° F (190 ° C) timp de 25-30 de minute.

39.Brioșă mexicană de ciocolată cu scorțișoară

INGREDIENTE:
- 3 1/2 căni de făină universală
- 1/4 cană zahăr
- 1 lingurita sare
- 1 pachet drojdie uscată activă
- 1/2 cană lapte cald
- 3 ouă mari
- 1/2 cana unt nesarat, topit
- 1/4 cană pudră de cacao
- 1 lingura scortisoara macinata
- 1/2 cană chipsuri de ciocolată

INSTRUCȚIUNI:
a) Se amestecă laptele cald și drojdia, se lasă să facă spumă.
b) Combinați făina, zahărul, sarea, pudra de cacao și scorțișoara măcinată. Adăugați amestecul de drojdie, ouăle, untul topit și chipsurile de ciocolată. Se framanta pana se omogenizeaza.
c) Lăsați să crească, modelați rulouri individuale și lăsați-le să crească din nou.
d) Coaceți la 350°F (175°C) timp de 20-25 de minute.

BRIOCHE DE FRUCTE

40. Brioșă cu fructe și nuci

INGREDIENTE:
- 1 lingura drojdie proaspata
- 150 ml lapte cald
- 250 grame faina
- 4 ouă bătute
- 1 praf de sare
- 4 linguri de zahăr
- ½ cană migdale
- ½ cană alune
- ¼ cană Stafide sau sultane
- ⅓ cană coacăze
- ⅓ cană caise uscate, feliate
- Câteva cireşe glace
- 170 grame unt, înmuiat, dar nu topit

INSTRUCŢIUNI:
a) Preîncălziţi cuptorul la 170C. Se dizolvă drojdia în lapte. Adăugaţi făină, ouă, sare, zahăr, nuci şi fructe.
b) Bate bine. se acopera si se lasa la crescut intr-un loc cald pana se dubleaza volumul.
c) Punem jos, adăugaţi untul şi bateţi bine, asigurându-vă că nu există bulgări de unt. Se toarnă într-o tavă bine unsă cu unt (amestecul trebuie să umple pe jumătate forma). Se lasă să crească din nou până când tava este plină pe ¾.
d) Coaceţi la 170 C până când o frigărui iese curată - aproximativ 20-25 de minute.
e) Se răceşte înainte de a tăia.

41.Chifle de brioșă cu fructe cu sâmburi și busuioc

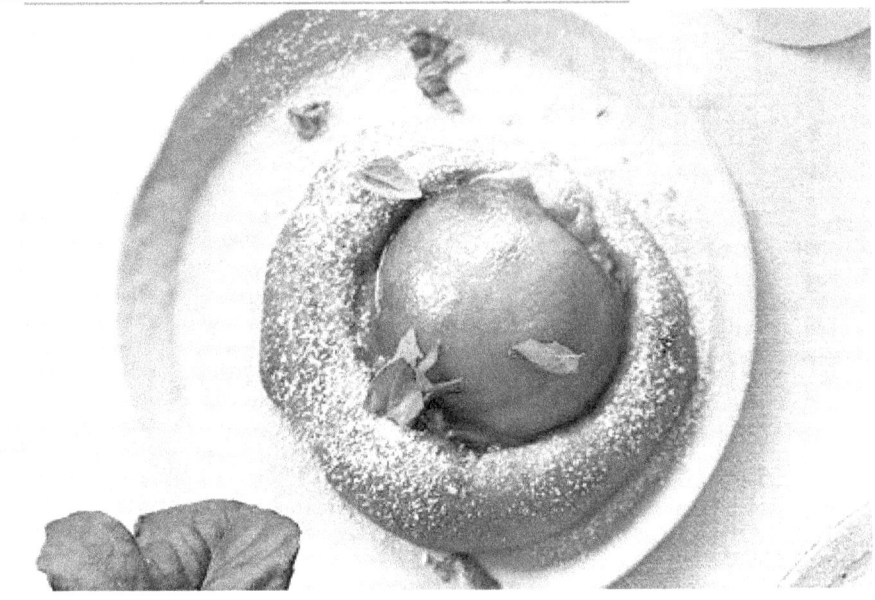

INGREDIENTE:
- 250 g făină simplă (pentru brioşă)
- 1 lingurita sare fina (pentru brioche)
- 30 g zahăr tos (pentru brioşă) + 60 g (pentru cremă pâtissière)
- 7g drojdie uscată (drojdie cu acţiune rapidă/rapidă) (pentru brioşă)
- 3 oua (pentru brioche) + 3 galbenusuri (pentru crema patisera) + 1 ou
- 180 g unt nesarat, inmuiat (pentru brioche)
- 1 cana ulei (pentru ungere)
- 250 ml lapte integral (pentru crema patisera)
- ½ linguriţă de pastă de boabe de vanilie sau ½ păstaie de vanilie, împărţită în jumătate şi răzuită (pentru crema pâtissière)
- 20 g faina de porumb (pentru crema patisera)
- 4 fructe coapte cu sâmburi, tăiate la jumătate şi sâmburiate (de asamblat)
- 2 linguri zahar demerara (de asamblat)
- ½ legătură busuioc, numai frunze, rupte pe jumătate (de asamblat)
- 1 cană de zahăr pudră (pentru a pudra)

INSTRUCŢIUNI:
PREPARARE ALUATUL BRIOCHE
a) Folosind un mixer de sine stătător cu un cârlig de aluat, combinaţi făina, sarea şi zahărul la viteză mică.
b) Adăugaţi drojdia, amestecaţi bine, apoi încorporaţi ouăle şi amestecaţi la mediu timp de 10 minute până se formează un aluat liber.
c) Lasam aluatul sa stea 5 minute.
d) Adăugaţi untul înmuiat şi amestecaţi la foc mediu timp de aproximativ 10 minute, răzuind părţile laterale ale vasului frecvent.
e) Măriţi puţin viteza şi continuaţi să amestecaţi aproximativ 15 minute până când aluatul devine elastic.
f) Puneţi aluatul pe o suprafaţă uşor unsă cu ulei, formaţi o minge şi transferaţi într-un recipient mare, uşor uleiat.

g) Se acopera si se lasa sa creasca la temperatura camerei timp de 1 ora. Împingeți ușor în jos pentru a elimina aerul, apoi acoperiți și lăsați-l la frigider peste noapte.

PREPARARE CRÈME PÂTISSIÈRE

h) Într-o cratiță, încălziți laptele cu jumătate din zahăr și vanilie.
i) Se bate gălbenușurile de ou, se adaugă zaharul rămas și se cerne în făina de porumb; amestecați împreună.
j) Se toarnă laptele fiert peste amestecul de ouă, amestecând continuu.
k) Gatiti la foc mediu, amestecand, timp de 4-5 minute pana se ingroasa. Mai fierbeți câteva minute, apoi luați de pe foc.
l) Transferați într-un bol termorezistent, acoperiți cu folie alimentară și lăsați-l să se răcească complet.

ASSEMBLARE DE FRUCTE ȘI BUSUOCUC

m) Preîncălziți cuptorul la 200°C/180°C ventilator/gaz 6.
n) Aruncă fructele cu sâmbure cu zahăr și frunze de busuioc rupte.

COACERE

o) Tapetați 2 tăvi de copt cu hârtie.
p) Frământați ușor aluatul, împărțiți-l în 7, formați bile și aranjați pe tăvi, apăsând ușor în discuri.
q) Puneți 1 lingură de cremă în mijlocul fiecăruia și acoperiți cu o jumătate de fruct cu sâmbure, cu partea tăiată în jos.
r) Ungeți aluatul cu ou bătut, apoi coaceți 17-20 de minute până se rumenește.
s) Se lasă să se răcească puțin, se desprind de coajă și se aruncă cojile fructelor cu sâmburi și se termină cu frunze de busuioc și o pudră de zahăr pudră.

42.Chifle cu brioșă cu fructe ale pasiunii

INGREDIENTE:
BRIOŞĂ:
- 250 g faina de paine alba tare
- 1/2 linguriţă sare de mare fină
- 1 linguriţă drojdie uscată cu acţiune rapidă
- 20 g zahăr tos
- Zest de 1 lămâie
- 125 ml lapte integral
- 1 ou mare + 1 pentru spălat ouă
- 50 g unt nesarat, temperatura camerei

CREMA DE patiserie cu fructe de pasiune:
- 225 ml piure de fructul pasiunii
- 75 g zahăr tos
- 20 g faina de porumb
- 3 galbenusuri mari
- Un praf de sare de mare fină
- 20 g unt nesarat
- 100 ml crema dubla
- 1 lingurita pasta de boabe de vanilie

Glazura de ciocolata:
- 50 g ciocolată cu lapte (aproximativ 50% cacao solidă)
- 50 ml crema dubla
- 15 ml piure de fructul pasiunii

INSTRUCŢIUNI:
PREPARARE BRIOCHE:
a) Într-o tigaie mică cu unt, gătiţi 20 g de făină şi 80 ml de lapte la foc mediu până se formează o pastă groasă. Pus deoparte.
b) Într-un mixer cu stand, combinaţi făina rămasă, sarea, drojdia, zahărul, coaja de lămâie, laptele rămas, oul şi amestecul de făină gătită.
c) Amestecaţi la viteză mică până se formează un aluat umplut. Continuaţi să amestecaţi timp de 10-15 minute până când aluatul devine elastic.
d) Adaugam untul treptat, amestecand pana se incorporeaza complet si aluatul este omogen.
e) Se formează o minge, se pune într-un castron, se acoperă cu folie alimentară şi se dă la frigider peste noapte.

CREMA DE patiserie cu fructe de pasiune:
f) Într-o cratiță, încălzește piureul de fructul pasiunii cu jumătate din zahăr până se fierbe.
g) Într-un castron separat, amestecați zahărul rămas și făina de porumb. Adăugați gălbenușurile de ou și sare, amestecând până se omogenizează.
h) Se toarnă piureul la fiert peste amestecul de gălbenușuri, amestecând pentru a preveni amestecarea. Reveniți în tigaie și gătiți până se îngroașă.
i) Adăugați untul, amestecați până se omogenizează, acoperiți cu folie alimentară și dați la frigider.

ASSAMBLAREA COFLELOR:
j) În ziua coacerii, împărțiți aluatul de brioșă în 8 bucăți și modelați chifle pe o tavă tapetată cu pergament. Dovadă până se dublează.
k) Preîncălziți cuptorul la 200ºC (180ºC ventilator). Ungeți chiflele cu spălătură de ouă și coaceți timp de 15-20 de minute până devin aurii. Misto.
l) Bateți crema de patiserie răcită până se omogenizează. Într-un castron separat, bate smântâna și vanilia până la vârfuri moi. Combinați cu crema.
m) Folosind o pungă, umpleți fiecare chiflă cu cremă până devine ușor grea.
n) Pentru glazură, topiți ciocolata și smântâna, amestecați în piure de fructul pasiunii. Scufundați chiflele în ganache și lăsați-o să se întărească.
o) Opțional, decorați cu ciocolată rasă, pudră de cacao sau pudră de fructul pasiunii liofilizat.
p) Acoperite, chiflele se pot păstra 2-3 zile. Bucurați-vă de combinația divină de ciocolată și fructul pasiunii!

43. Coroană de brioș cu fructe confiate și nuci

INGREDIENTE:
- 450 g faina de paine alba tare
- 1 lingurita sare de mare
- 7g plic drojdie uscată
- 50 g zahăr tos
- 100 ml lapte integral
- 5 ouă medii
- 190 g unt, taiat cubulete si inmuiat
- 50 g coaja mixta
- 7g nuci, tocate
- 125 g gem de smochine
- 25 g nuci, tocate (pentru presarat)

INSTRUCȚIUNI:
PREGATIREA ALUATULUI
a) Puneți făina în bolul unui mixer alimentat prevăzut cu un cârlig de aluat.
b) Adăugați sare pe o parte, iar drojdia și zahărul pe cealaltă parte. Se amestecă totul împreună cu cârligul de aluat.
c) Încălziți laptele până când este cald, dar nu prea fierbinte și adăugați-l în amestecul de făină cu mixerul care funcționează la temperatură medie.
d) Adăugați 4 ouă, câte unul și amestecați bine după fiecare adăugare. Se amestecă timp de 10 minute.
e) Adăugați treptat untul înmuiat, câteva cuburi pe rând, până se omogenizează și aluatul este foarte moale (aproximativ 5 minute).
f) Răzuiți părțile laterale și adăugați coaja amestecată și nuca mărunțită până se distribuie uniform.
g) Acoperiți vasul cu folie alimentară și lăsați-l să crească într-un loc cald timp de 1½-2 ore până când își dublează volumul, apoi dați-l la frigider pentru 1 oră.

ASAMBLARE
h) Tapetați o tavă mare cu hârtie de copt.
i) Împărțiți aluatul în 8 părți egale și rulați în bile.
j) Așezați bilele în cerc pe tavă cu un spațiu de 1-2 cm între fiecare minge.
k) Se acopera cu folie alimentara si se lasa sa creasca timp de 30 de minute pana isi dubleaza volumul, iar bilele se unesc.

COACERE
l) Preîncălziți cuptorul la 180oC (marca de gaz 4).
m) Ungeți ușor brioșa cu oul bătut rămas.
n) Nucile rămase se toacă mărunt și se presară peste brioșă.
o) Coaceți 15-20 de minute până devin aurii.
p) Se lasa sa se raceasca putin si se serveste dulceata de smochine intr-un vas in centrul coroanei.

44.Brioșă cu lămâie și afine

INGREDIENTE:
- 3 1/2 căni de făină universală
- 1/4 cană zahăr
- 1 lingurita sare
- 1 pachet drojdie uscată activă
- 1/2 cană lapte cald
- 3 ouă mari
- 1/2 cană unt nesărat, înmuiat
- Zest de 1 lămâie
- 1 cană de afine proaspete sau congelate

INSTRUCȚIUNI:
a) Amestecați laptele cald și drojdia, lăsați-o să se înmoaie.
b) Combinați făina, zahărul, sarea și coaja de lămâie. Adăugați amestecul de drojdie, ouăle și untul înmuiat. Se framanta pana se omogenizeaza.
c) Încorporați ușor afinele.
d) Se lasă să crească, se formează o pâine sau rulouri și se lasă din nou să crească.
e) Coaceți la 375 ° F (190 ° C) timp de 25-30 de minute.

45.Rulouri de brioșă cu migdale și zmeură

INGREDIENTE:
- 4 cani de faina de paine
- 1/4 cană zahăr
- 1 lingurita sare
- 1 pachet drojdie instant
- 1 cană lapte cald
- 3 ouă mari
- 1/2 cana unt nesarat, topit
- 1 cană de zmeură proaspătă sau congelată
- 1/2 cană felii de migdale

INSTRUCȚIUNI:
a) Se dizolvă drojdia în lapte cald, se lasă să stea 5 minute.
b) Combinați făina, zahărul și sarea. Adăugați amestecul de drojdie, ouăle și untul topit. Se framanta pana se omogenizeaza.
c) Încorporați ușor zmeura și feliile de migdale.
d) Se lasă să crească, se taie în porții și se pune într-o tavă de copt.
e) Lăsați din nou să crească, apoi coaceți la 350°F (175°C) timp de 20-25 de minute.

46.Brioșă de piersici și vanilie

INGREDIENTE:
- 3 1/4 căni de făină universală
- 1/4 cană zahăr
- 1 lingurita sare
- 1 pachet drojdie uscată activă
- 1/2 cană lapte cald
- 3 ouă mari
- 1/2 cană unt nesărat, înmuiat
- 2 piersici coapte, taiate cubulete
- 1 lingura extract de vanilie

INSTRUCȚIUNI:
a) Se amestecă laptele cald și drojdia, se lasă să facă spumă.
b) Combinați făina, zahărul și sarea. Adăugați amestecul de drojdie, ouăle, untul înmuiat, piersicile tăiate cubulețe și extractul de vanilie. Se framanta pana se omogenizeaza.
c) Se lasa sa creasca, se imparte in doua portii si se rasuceste.
d) Se pune intr-o tava unsa cu unt, se lasa din nou la dospit, apoi se coace la 375°F (190°C) timp de 30-35 minute.

47.Impletitura Brioche De Capsuni Crema De Branza

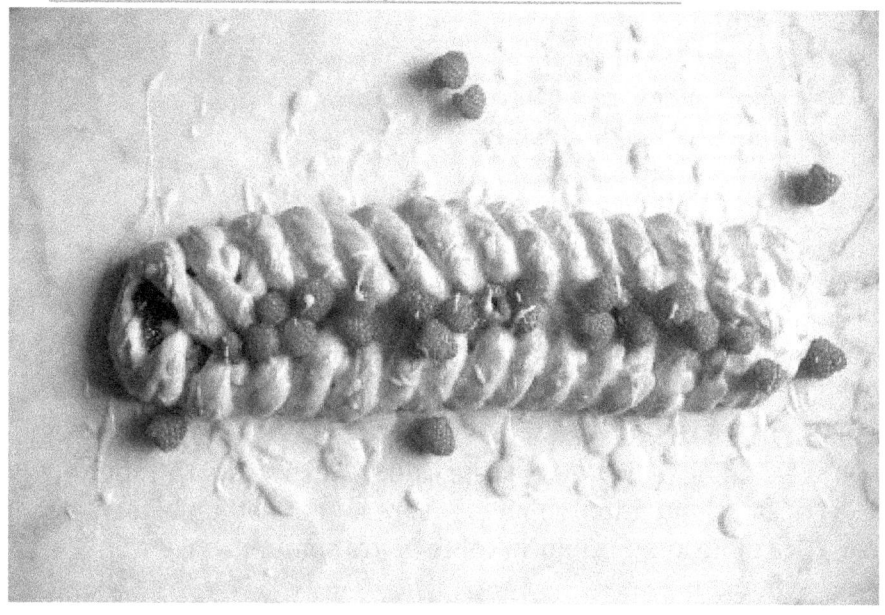

INGREDIENTE:
- 4 cani de faina de paine
- 1/3 cană zahăr
- 1 lingurita sare
- 1 pachet drojdie instant
- 1 cană lapte cald
- 3 ouă mari
- 1/2 cana unt nesarat, topit
- 1 cană căpșuni proaspete, feliate
- 4 uncii de brânză cremă, înmuiată
- 1/4 cană zahăr pudră

INSTRUCȚIUNI:
a) Se dizolvă drojdia în lapte cald, se lasă să stea 5 minute.
b) Combinați făina, zahărul și sarea. Adăugați amestecul de drojdie, ouăle și untul topit. Se framanta pana se omogenizeaza.
c) Întindeți aluatul, întindeți un strat de cremă de brânză și puneți deasupra căpșunile feliate.
d) Îndoiți aluatul peste umplutură, creând o împletitură.
e) Se lasă să crească, apoi se coace la 350°F (175°C) timp de 25-30 de minute.

48.Brioșă cu migdale și cireșe

INGREDIENTE:
- 3 1/2 căni de făină universală
- 1/4 cană zahăr
- 1 lingurita sare
- 1 pachet drojdie uscată activă
- 1/2 cană lapte cald
- 3 ouă mari
- 1/2 cană unt nesărat, înmuiat
- 1 cană cireșe proaspete sau congelate, fără sâmburi și tăiate la jumătate
- 1/2 cană migdale feliate

INSTRUCȚIUNI:
a) Amestecați laptele cald și drojdia, lăsați-o să se înmoaie.
b) Combinați făina, zahărul, sarea și adăugați amestecul de drojdie, ouăle și untul înmuiat. Se framanta pana se omogenizeaza.
c) Încorporați ușor cireșele și migdalele feliate.
d) Se lasă să crească, se întinde aluatul, se întinde uniform cireșe și migdale, apoi se rulează într-un buștean.
e) Tăiați în porții, puneți într-o tavă unsă cu unsoare și lăsați din nou să crească.
f) Coaceți la 375 ° F (190 ° C) timp de 25-30 de minute.

49. Rulouri de brioșă cu mango și nucă de cocos

INGREDIENTE:
- 4 cani de faina de paine
- 1/4 cană zahăr
- 1 lingurita sare
- 1 pachet drojdie instant
- 1 cană lapte de cocos cald
- 3 ouă mari
- 1/2 cana unt nesarat, topit
- 1 cană de mango proaspăt, tăiat cubulețe
- 1/2 cană nucă de cocos mărunțită

INSTRUCȚIUNI:

a) Dizolvați drojdia în lapte de cocos cald, lăsați-o să stea 5 minute.

b) Combinați făina, zahărul și sarea. Adăugați amestecul de drojdie, ouăle și untul topit. Se framanta pana se omogenizeaza.

c) Încorporați ușor mango tăiat cubulețe și nuca de cocos mărunțită.

d) Se lasă să crească, se taie în porții și se pune într-o tavă de copt.

e) Lăsați din nou să crească, apoi coaceți la 350°F (175°C) timp de 20-25 de minute.

50.Brioșă Cheesecake cu mure și lămâie

INGREDIENTE:
- 3 1/4 căni de făină universală
- 1/4 cană zahăr
- 1 lingurita sare
- 1 pachet drojdie uscată activă
- 1/2 cană lapte cald
- 3 ouă mari
- 1/2 cană unt nesărat, înmuiat
- 1 cană mure proaspete
- 4 uncii de brânză cremă, înmuiată
- Zest de 1 lămâie

INSTRUCȚIUNI:
a) Se amestecă laptele cald şi drojdia, se lasă să facă spumă.
b) Combinați făina, zahărul şi sarea. Adăugați amestecul de drojdie, ouăle, untul înmuiat, cremă de brânză şi coaja de lămâie. Se framanta pana se omogenizeaza.
c) Încorporați uşor murele.
d) Se lasă să crească, se formează o pâine şi se lasă din nou să crească.
e) Coaceți la 375 ° F (190 ° C) timp de 30-35 de minute.

51. Coroană de brioșă cu kiwi citrice

INGREDIENTE:
- 4 cani de faina de paine
- 1/3 cană zahăr
- 1 lingurita sare
- 1 pachet drojdie instant
- 1 cană suc de portocale cald
- 3 ouă mari
- 1/2 cana unt nesarat, topit
- Zeste de 1 portocală
- 2 kiwi, curatati de coaja si feliati

INSTRUCȚIUNI:
a) Se dizolvă drojdia în suc cald de portocale, se lasă să stea 5 minute.
b) Combinați făina, zahărul și sarea. Adăugați amestecul de drojdie, ouăle, untul topit și coaja de portocală. Se framanta pana se omogenizeaza.
c) Lăsați să crească, întindeți aluatul și modelați o coroană.
d) Puneți felii de kiwi deasupra, lăsați-l să crească din nou, apoi coaceți la 375°F (190°C) timp de 30-35 de minute.

BRIOCHE DE VEGGIE

52. Brioches de pommes de terre

INGREDIENTE:

- 1½ kilograme Fierbeți cartofi, curățați și tăiați în sferturi
- 4 linguri de unt nesarat, taiat cuburi, la temperatura camerei
- 3 galbenusuri mari
- ½ lingurita Sare
- Piper alb după gust
- 1 lingurita de lapte
- 8 forme miniaturale pentru brioșă bine unse cu unt, răcite

INSTRUCȚIUNI:

a) Intr-un ibric se acopera cartofii cu apa rece si se aduce la fiert apa cu sare. Fierbeți cartofii timp de 12 până la 15 minute sau până când sunt fragezi. Scurgeți cartofii și forțați-i într-un bol într-un bol.

b) Se amestecă untul, 2 gălbenușuri de ou, sarea și piperul alb și se lasă amestecul să se răcească cel puțin 20 de minute sau până la 2 ore.

c) Preîncălziți cuptorul la 425 de grade F.

d) Transferați ¼ de cană din amestec pe o suprafață ușor înfăinată, cu mâinile ușor înfăinate, ciupiți o bucată de dimensiunea unei bille și rezervați-o. Rulați porțiunea mai mare într-o bilă netedă și aruncați-o ușor într-una dintre formele răcite. Faceți ușor o adâncime mică în partea de sus a mingii, formați porțiunea rezervată cu dimensiunea de marmură într-o minge netedă și puneți-o cu grijă în adâncime.

e) Într-un castron mic, combinați ultimul gălbenuș de ou cu laptele și ungeți spălatul de ou pe fiecare dintre brioșe, având grijă să nu cadă pe marginea formei. Coaceți pe o foaie de copt timp dc 25 până la 30 de minute sau până când devin maro auriu. Lăsați-le să se răcească pe un grătar timp de 20 de minute.

f) Slăbiți marginile cu o frigărui de metal și răsturnați pentru a le îndepărta cu grijă din matrițe.

g) Ele pot fi făcute cu o zi înainte. Păstrați răcit și acoperit și reîncălziți la 400 de grade F. timp de 15 minute.

53.Rulouri de brioche umplute cu spanac și feta

INGREDIENTE:
- 3 1/2 căni de făină universală
- 1/4 cană zahăr
- 1 lingurita sare
- 1 pachet drojdie uscată activă
- 1/2 cană lapte cald
- 3 ouă mari
- 1/2 cană unt nesărat, înmuiat
- 1 cană spanac proaspăt, tocat
- 1/2 cană brânză feta mărunțită

INSTRUCȚIUNI:
a) Amestecați laptele cald și drojdia, lăsați-o să se înmoaie.
b) Combinați făina, zahărul și sarea. Adăugați amestecul de drojdie, ouăle și untul înmuiat. Se framanta pana se omogenizeaza.
c) Incorporati usor spanacul tocat si branza feta.
d) Se lasă să crească, se formează rulouri și se pune într-o tavă de copt.
e) Lăsați din nou să crească, apoi coaceți la 375°F (190°C) timp de 20-25 de minute.

54.Tartă cu brioșă cu ardei roșu prăjit și brânză de capră

INGREDIENTE:
- 4 cani de faina de paine
- 1/4 cană zahăr
- 1 lingurita sare
- 1 pachet drojdie instant
- 1 cană apă caldă
- 3 ouă mari
- 1/2 cana unt nesarat, topit
- 1 cana ardei rosii copti, taiati cubulete
- 1/2 cană brânză de capră mărunțită

INSTRUCȚIUNI:
a) Dizolvați drojdia în apă caldă, lăsați-o să stea 5 minute.
b) Combinați făina, zahărul și sarea. Adăugați amestecul de drojdie, ouăle și untul topit. Se framanta pana se omogenizeaza.
c) Încorporați ușor ardei roșu prăjit tăiat cubulețe și brânză de capră.
d) Se lasa sa creasca, se intinde aluatul si se pune intr-o tava de tarta.
e) Lăsați din nou să crească, apoi coaceți la 350°F (175°C) timp de 25-30 de minute.

55.Impletitura brioche cu ciuperci si branza elvetiana

INGREDIENTE:
- 3 1/4 căni de făină universală
- 1/4 cană zahăr
- 1 lingurita sare
- 1 pachet drojdie uscată activă
- 1/2 cană lapte cald
- 3 ouă mari
- 1/2 cană unt nesărat, înmuiat
- 1 cana de ciuperci, tocate marunt
- 1 cană de brânză elvețiană mărunțită

INSTRUCȚIUNI:
a) Se amestecă laptele cald și drojdia, se lasă să facă spumă.
b) Combinați făina, zahărul și sarea. Adăugați amestecul de drojdie, ouăle și untul înmuiat. Se framanta pana se omogenizeaza.
c) Încorporați ușor ciupercile tocate și brânza elvețiană mărunțită.
d) Se lasă să crească, se împarte în porții și se împletesc bucățile.
e) Se pune pe o tavă de copt, se lasă din nou să crească, apoi se coace la 375°F (190°C) timp de 25-30 de minute.

56.Brioche Focaccia cu dovlecel și parmezan

INGREDIENTE:
- 4 cani de faina de paine
- 1/3 cană zahăr
- 1 lingurita sare
- 1 pachet drojdie instant
- 1 cană apă caldă
- 3 ouă mari
- 1/2 cana unt nesarat, topit
- 1 cană dovlecel ras
- 1/2 cană parmezan ras

INSTRUCȚIUNI:
a) Dizolvați drojdia în apă caldă, lăsați-o să stea 5 minute.
b) Combinați făina, zahărul și sarea. Adăugați amestecul de drojdie, ouăle și untul topit. Se framanta pana se omogenizeaza.
c) Incorporati usor dovlecel ras si parmezan.
d) Se lasa sa creasca, se intinde aluatul intr-o tava pentru a forma o forma de focaccia.
e) Lăsați din nou să crească, apoi coaceți la 350°F (175°C) timp de 25-30 de minute.

57.Rulouri de brioșă cu roșii uscate și busuioc

INGREDIENTE:
- 3 1/2 căni de făină universală
- 1/4 cană zahăr
- 1 lingurita sare
- 1 pachet drojdie uscată activă
- 1/2 cană lapte cald
- 3 ouă mari
- 1/2 cană unt nesărat, înmuiat
- 1/2 cana rosii uscate la soare, tocate
- 1/4 cana busuioc proaspat, tocat marunt

INSTRUCȚIUNI:
a) Amestecați laptele cald și drojdia, lăsați-o să se înmoaie.
b) Combinați făina, zahărul și sarea. Adăugați amestecul de drojdie, ouăle și untul înmuiat. Se framanta pana se omogenizeaza.
c) Încorporați ușor roșiile uscate tocate și busuioc proaspăt.
d) Se lasă să crească, se formează rulouri și se pune într-o tavă de copt.
e) Lăsați din nou să crească, apoi coaceți la 375°F (190°C) timp de 20-25 de minute.

58.Chifle de brioche umplute cu broccoli și cheddar

INGREDIENTE:
- 4 cani de faina de paine
- 1/4 cană zahăr
- 1 lingurita sare
- 1 pachet drojdie instant
- 1 cană apă caldă
- 3 ouă mari
- 1/2 cana unt nesarat, topit
- 1 cana buchetele de broccoli, fierte la abur si tocate
- 1 cană brânză cheddar măruntită

INSTRUCȚIUNI:
a) Dizolvați drojdia în apă caldă, lăsați-o să stea 5 minute.
b) Combinați făina, zahărul și sarea. Adăugați amestecul de drojdie, ouăle și untul topit. Se framanta pana se omogenizeaza.
c) Încorporați ușor broccoli aburit și tocat și brânza cheddar mărunțită.
d) Se lasa sa creasca, se modeleaza chifle si se aseaza pe o tava de copt.
e) Lăsați din nou să crească, apoi coaceți la 350°F (175°C) timp de 25-30 de minute.

59. Tartă cu Ceapă Caramelizată și Brioche Gruyère

INGREDIENTE:
- 3 1/4 căni de făină universală
- 1/4 cană zahăr
- 1 lingurita sare
- 1 pachet drojdie uscată activă
- 1/2 cană lapte cald
- 3 ouă mari
- 1/2 cană unt nesărat, înmuiat
- 2 cepe mari, feliate subțiri și caramelizate
- 1 cană brânză Gruyère măruntită

INSTRUCȚIUNI:
a) Se amestecă laptele cald și drojdia, se lasă să facă spumă.
b) Combinați făina, zahărul și sarea. Adăugați amestecul de drojdie, ouăle și untul înmuiat. Se framanta pana se omogenizeaza.
c) Încorporați ușor ceapa caramelizată și brânza Gruyère măruntită.
d) Se lasa sa creasca, se intinde aluatul si se pune intr-o tava de tarta.
e) Lăsați din nou să crească, apoi coaceți la 375°F (190°C) timp de 30-35 de minute.

60.Roți de brioș cu anghinare și pesto

INGREDIENTE:
- 4 cani de faina de paine
- 1/3 cană zahăr
- 1 lingurita sare
- 1 pachet drojdie instant
- 1 cană apă caldă
- 3 ouă mari
- 1/2 cana unt nesarat, topit
- 1 cană inimioare de anghinare marinate, tocate
- 1/4 cană sos pesto

INSTRUCȚIUNI:
a) Dizolvați drojdia în apă caldă, lăsați-o să stea 5 minute.
b) Combinați făina, zahărul și sarea. Adăugați amestecul de drojdie, ouăle și untul topit. Se framanta pana se omogenizeaza.
c) Încorporați ușor inimioare de anghinare marinate tocate și sosul pesto.
d) Lăsați să crească, întindeți aluatul, întindeți uniform pesto și anghinare, apoi rulați într-un buștean.
e) Se taie in rotițe, se așează pe o foaie de copt și se lasă din nou la crescut.
f) Coaceți la 350°F (175°C) timp de 20-25 de minute.

BRIOCHE DE BRÂNZĂ

61.Brioșă cu brânză

INGREDIENTE:
- 1 cană apă
- 2 uncii de margarină
- 1 lingurita sare
- 1 lingurita piper cayenne
- 1 cană făină albă nealbită, cernută
- 3 ouă
- 3 uncii de brânză gruyere, tăiată mărunt

INSTRUCȚIUNI:

a) Preîncălziți cuptorul la 375 F. Într-o cratiță de 1 litru, la foc mic, aduceți apă, margarina, sare și cayenne la fierbere. Când margarina se topește, reduceți focul. Adăugați făină. Aluatul va forma o bila.

b) Amestecați mingea cu o lingură de lemn continuu timp de 2 până la 3 minute.

c) Răzuiți deseori fundul tigaii pentru a nu se lipi aluatul. Luați de pe foc și puneți aluatul într-un bol mare de amestecare. Se intinde aluatul in bol si se lasa sa se raceasca 10 minute.

d) Deoarece mâinile tale vor deveni în curând foarte lipicioase, așezați o foaie mare de copt lângă bol înainte de a începe pasul următor.

e) Când aluatul este suficient de rece, astfel încât ouăle să nu se gătească în aluat, adăugați toate ouăle în aluat. Se paseaza cu mâna până când ouăle sunt complet amestecate. Adăugați brânza și amestecați bine.

f) Puneți bila de aluat în centrul foii de copt neunsă. Întindeți aluatul din centru pentru a forma un inel oval de 5 x 8 inci.

62.Brioșă cu pere cu brânză

INGREDIENTE:
PENTRU ALUAT:
- 1/5 cană lapte
- 5 ouă
- ⅓ cană zahăr
- 3½ căni de făină universală
- 1½ linguriță drojdie uscată activă ½ linguriță sare
- După bip:
- 1 cană unt congelat, tăiat cubulețe

UMPLERE:
- 1 para
- 1 ⅓ cani de crema de branza

PENTRU GLAZARE:
- 1 ou

INSTRUCȚIUNI:
a) Framantam aluatul intr-o masina de paine. Scoate-l, înfășoară-l cu folie de bucătărie și pune-l la frigider peste noapte.
b) Înainte de a începe să gătiți chiflele, puneți aluatul într-un loc cald timp de 1 oră.
c) După aceea, tăiați aluatul în 12 părți egale. Ciupiți câte o bucată mică de aluat de pe fiecare dintre părți.
d) Modelați bucățile mari și mici de aluat în sfere.
e) Puneți sferele mari în pahare de copt pentru cupcake unse cu unt și apăsați cu degetul pe mijlocul vârfurilor lor pentru a se adânci puțin.
f) Curatati si tocati marunt 1 para si amestecati cu branza moale. Faceți o adâncire în sfera mare de aluat, puneți umplutura în interiorul adâncirii și acoperiți-o cu sfera mică.
g) Se acopera cu un prosop si se lasa 1 ora sa se odihneasca si sa creasca.
h) Preîncălziți cuptorul la 350 de grade F (180 de grade C).
i) Ungeți suprafața brioșurilor cu un ou bătut.
j) Coacem in cuptorul preincalzit pana se rumenesc timp de 15-20 de minute.
k) Răciți brioșa pe grilă.

63.Brioche cu roșii uscate și mozzarella

INGREDIENTE:
- 1/2 cană lapte
- 5 ouă
- 1/3 cană zahăr
- 3 1/2 căni de făină universală
- 1 1/2 linguriță drojdie uscată activă
- 1/2 lingurita sare
- 1 cană de brânză mozzarella mărunțită
- 1/2 cană roșii uscate la soare (tocate)
- 1 lingurita oregano uscat
- 1 cană unt congelat, tăiat cubulețe
- 1 ou (pentru glazura)

INSTRUCȚIUNI:
a) Într-o mașină de pâine, combinați laptele, ouăle, zahărul, făina, drojdia și sarea.
b) După frământarea inițială, adăugați untul congelat tăiat cubulețe. Lăsați mașina de pâine să finalizeze ciclul de aluat.
c) Scoateți aluatul, înfășurați-l cu folie de bucătărie și lăsați-l la frigider peste noapte.
d) Înainte de coacere, lăsați aluatul să se odihnească la loc cald timp de 1 oră. Împărțiți în 12 părți.
e) Modelați porții mari de aluat în sfere și puneți-le în pahare de copt pentru cupcake cu unt.
f) Apăsați centrul fiecărei sfere mari pentru a crea o adâncire.
g) Amestecați mozzarella mărunțită cu roșii uscate tocate și oregano uscat.
h) Umpleți adâncirea fiecărei sfere de aluat cu amestecul de mozzarella, roșii uscate la soare și oregano.
i) Acoperiți cu un prosop și lăsați să se odihnească încă o oră să crească.
j) Preîncălziți cuptorul la 350°F (180°C).
k) Bateți un ou și ungeți suprafața fiecărei brioșe cu spălarea de ouă.
l) Coaceți timp de 15-20 de minute sau până când se rumenesc.
m) Răciți brioșul de roșii uscate și mozzarella pe un grătar.

64. Noduri de brioșă cu parmezan și usturoi

INGREDIENTE:
- 1/2 cană lapte
- 5 ouă
- 1/3 cană zahăr
- 3 1/2 căni de făină universală
- 1 1/2 linguriță drojdie uscată activă
- 1/2 lingurita sare
- 1 cană parmezan ras
- 3 catei de usturoi (tocati)
- 2 linguri patrunjel proaspat (tocat)
- 1 cană unt congelat, tăiat cubulețe
- 1 ou (pentru glazura)

INSTRUCȚIUNI:
a) Într-o mașină de pâine, combinați laptele, ouăle, zahărul, făina, drojdia și sarea.
b) După frământarea inițială, adăugați untul congelat tăiat cubulețe. Lăsați mașina de pâine să finalizeze ciclul de aluat.
c) Scoateți aluatul, înfășurați-l cu folie de bucătărie și lăsați-l la frigider peste noapte.
d) Înainte de coacere, lăsați aluatul să se odihnească la loc cald timp de 1 oră. Împărțiți în 12 părți.
e) Modelați fiecare porție în noduri pentru o răsucire unică și puneți-le pe o tavă de copt.
f) Într-un castron, amestecați parmezanul ras, usturoiul tocat și pătrunjelul proaspăt tocat.
g) Rulați fiecare nod în amestecul de parmezan, usturoi și pătrunjel, asigurându-vă că sunt bine acoperiți.
h) Acoperiți cu un prosop și lăsați să se odihnească încă o oră să crească.
i) Preîncălziți cuptorul la 350°F (180°C).
j) Bateți un ou și ungeți suprafața fiecărui nod de brioșă cu spălarea ouălor.
k) Coaceți timp de 15-20 de minute sau până când se rumenesc.
l) Răciți nodurile de brioș cu parmezan și usturoi pe un grătar.

65.Brioche umplute cu bacon si cheddar

INGREDIENTE:
- 1/2 cană lapte
- 5 ouă
- 1/3 cană zahăr
- 3 1/2 căni de făină universală
- 1 1/2 linguriță drojdie uscată activă
- 1/2 lingurita sare
- 1 cană de bacon fiartă și mărunțită
- 1 cană brânză cheddar mărunțită
- 1 cană unt congelat, tăiat cubulețe
- 1 ou (pentru glazura)

INSTRUCȚIUNI:
a) Într-o mașină de pâine, combinați laptele, ouăle, zahărul, făina, drojdia și sarea.
b) După frământarea inițială, adăugați untul congelat tăiat cubulețe. Lăsați mașina de pâine să finalizeze ciclul de aluat.
c) Scoateți aluatul, înfășurați-l cu folie de bucătărie și lăsați-l la frigider peste noapte.
d) Înainte de coacere, lăsați aluatul să se odihnească la loc cald timp de 1 oră. Împărțiți în 12 părți.
e) Modelați porții mari de aluat în sfere și puneți-le în pahare de copt pentru cupcake cu unt.
f) Apăsați centrul fiecărei sfere mari pentru a crea o adâncire.
g) Amesteca baconul fiert si maruntit cu cheddar maruntit.
h) Umpleți adâncirea fiecărei sfere de aluat cu amestecul de bacon și cheddar.
i) Acoperiți cu un prosop și lăsați să se odihnească încă o oră să crească.
j) Preîncălziți cuptorul la 350°F (180°C).
k) Bateți un ou și ungeți suprafața fiecărei brioșe cu spălarea de ouă.
l) Coaceți timp de 15-20 de minute sau până când se rumenesc.
m) Răciți brioșul umplut cu slănină și cheddar pe un grătar.

66.Rulouri cu jalapeño și piper Jack Brioche

INGREDIENTE:
- 1/2 cană lapte
- 5 ouă
- 1/3 cană zahăr
- 3 1/2 căni de făină universală
- 1 1/2 linguriță drojdie uscată activă
- 1/2 lingurita sare
- 1 cană de brânză Pepper Jack mărunțită
- 1/2 cană jalapeños murat (tocat)
- 1 cană unt congelat, tăiat cubulețe
- 1 ou (pentru glazura)

INSTRUCȚIUNI:
a) Într-o mașină de pâine, combinați laptele, ouăle, zahărul, făina, drojdia și sarea.
b) După frământarea inițială, adăugați untul congelat tăiat cubulețe. Lăsați mașina de pâine să finalizeze ciclul de aluat.
c) Scoateți aluatul, înfășurați-l cu folie de bucătărie și lăsați-l la frigider peste noapte.
d) Înainte de coacere, lăsați aluatul să se odihnească la loc cald timp de 1 oră. Împărțiți în 12 părți.
e) Modelați porții mari de aluat în sfere și puneți-le în pahare de copt pentru cupcake cu unt.
f) Apăsați centrul fiecărei sfere mari pentru a crea o adâncire.
g) Amestecă brânză Pepper Jack mărunțită cu jalapeño murat tocat.
h) Umpleți adâncirea fiecărei sfere de aluat cu amestecul de jalapeño și brânză.
i) Acoperiți cu un prosop și lăsați să se odihnească încă o oră să crească.
j) Preîncălziți cuptorul la 350°F (180°C).
k) Bateți un ou și ungeți suprafața fiecărei brioșe cu spălarea de ouă.
l) Coaceți timp de 15-20 de minute sau până când se rumenesc.
m) Răciți rulourile de Brioche Jalapeño și Pepper Jack pe un grătar.

67.Brioșă de Gouda și Ierburi

INGREDIENTE:
- 1/2 cană lapte
- 5 ouă
- 1/3 cană zahăr
- 3 1/2 căni de făină universală
- 1 1/2 linguriță drojdie uscată activă
- 1/2 lingurita sare
- 1 cană brânză Gouda mărunțită
- 1 cană unt congelat, tăiat cubulețe
- 1 ou (pentru glazura)
- 1 lingură amestec de ierburi

INSTRUCȚIUNI:
a) Într-o mașină de pâine, combinați laptele, ouăle, zahărul, făina, drojdia și sarea.
b) După frământarea inițială, adăugați untul congelat tăiat cubulețe. Lăsați mașina de pâine să finalizeze ciclul de aluat.
c) Scoateți aluatul, înfășurați-l cu folie de bucătărie și lăsați-l la frigider peste noapte.
d) Înainte de coacere, lăsați aluatul să se odihnească la loc cald timp de 1 oră. Împărțiți în 12 părți.
e) Modelați porții mari de aluat în sfere și puneți-le în pahare de copt pentru cupcake cu unt.
f) Apăsați centrul fiecărei sfere mari pentru a crea o adâncire.
g) Amestecați Gouda mărunțit cu ierburi amestecate și umpleți adâncirea cu amestecul.
h) Acoperiți cu un prosop și lăsați să se odihnească încă o oră să crească.
i) Preîncălziți cuptorul la 350°F (180°C).
j) Ungeți suprafața fiecărei brioșe cu un ou bătut.
k) Coaceți timp de 15-20 de minute sau până când se rumenesc.
l) Răciți brioșa pe un grătar.

68.Brioşă cu brânză albastră şi nuci

INGREDIENTE:
- 1/2 cană lapte
- 5 ouă
- 1/3 cană zahăr
- 3 1/2 căni de făină universală
- 1 1/2 linguriță drojdie uscată activă
- 1/2 lingurita sare
- 1 cană brânză albastră
- 1 cană unt congelat, tăiat cubulețe
- 1 cana nuci tocate
- 1 ou (pentru glazura)

INSTRUCȚIUNI:
a) Într-o mașină de pâine, combinați laptele, ouăle, zahărul, făina, drojdia și sarea.
b) După frământarea inițială, adăugați untul congelat tăiat cubulețe. Lăsați mașina de pâine să finalizeze ciclul de aluat.
c) Scoateți aluatul, înfășurați-l cu folie de bucătărie și lăsați-l la frigider peste noapte.
d) Înainte de coacere, lăsați aluatul să se odihnească la loc cald timp de 1 oră. Împărțiți în 12 părți.
e) Modelați porții mari de aluat în sfere și puneți-le în pahare de copt pentru cupcake cu unt.
f) Apăsați centrul fiecărei sfere mari pentru a crea o adâncire.
g) Se sfărâmă brânza albastră și se amestecă cu nuca mărunțită.
h) Umpleți adâncirea fiecărei sfere de aluat cu amestecul de brânză albastră și nucă.
i) Acoperiți cu un prosop și lăsați să se odihnească încă o oră să crească.
j) Preîncălziți cuptorul la 350°F (180°C).
k) Bateți un ou și ungeți suprafața fiecărei brioșe cu spălarea de ouă.
l) Coaceți timp de 15-20 de minute sau până când se rumenesc.
m) Răciți brioșul cu brânză albastră și nuci pe un grătar.

BRIOCHE DE NUCI

69.Brioșă dulce cu stafide și migdale

INGREDIENTE:
- 1 uncie drojdie proaspătă
- 4 uncii lapte; fiert și răcit până la călduț
- ½ uncie sare fină
- 18 uncii Făină
- 6 ouă
- 12 uncii de unt
- 3 uncii de zahăr
- 7 uncii Stafide
- 3 linguri Rom
- 4 uncii migdale întregi; decojite și foarte ușor prăjite
- 1 galbenus de ou amestecat cu:
- 1 lingura de lapte
- Unt pentru matriță
- Zahăr pudră (zahăr pudră) pentru pudrat

INSTRUCȚIUNI:

a) Puneți drojdia și laptele în vasul mixerului și bateți ușor. Se adauga sarea, apoi faina si ouale. Porniți mixerul la viteză medie și lucrați amestecul cu cârligul de aluat timp de aproximativ 10 minute, pana când aluatul este neted și elastic, cu mult corp.

b) Se amestecă untul și zahărul, se reduce viteza mixerului la minim și se adaugă amestecul de unt în aluat, puțin câte una, lucrând aluatul continuu.

c) Când tot untul este încorporat, măriți viteza și amestecați timp de 8 până la 10 minute în mixer sau aproximativ 15 minute cu mâna, până când aluatul este foarte neted și lucios. Ar trebui să fie suplu și destul de elastic și se va desprinde de pe părțile laterale ale bolului.

d) Acoperiți aluatul cu o foaie de copt și lăsați-l într-un loc cald, aproximativ 75F timp de 2 ore, până când își dublează volumul.

e) Dați înapoi aluatul lovind cu pumnul de cel mult 2 sau 3 ori. Acoperiți-l cu o tavă de copt și lăsați-l la frigider pentru cel puțin 4 ore, dar nu mai mult de 24 de ore.

f) Mod de preparare, stafide: Se pun stafidele intr-un vas cu romul, se acopera cu folie alimentara si se lasa la macerat cateva ore.

MULTARE:

g) Unge cu unt generos forma si aseaza o treime din migdale in fundul crestelor.
h) Pe o suprafață ușor înfăinată, întindeți aluatul răcit într-un dreptunghi îngust suficient de lung pentru a căptuși fundul formei.
i) Tăiați migdalele rămase și presărați-le și stafidele înmuiate cu rom peste aluat.
j) Întindeți aluatul într-o formă de cârnați gras, apăsând-l ferm. Aranjați-l în jurul fundului formei și apăsați ușor.
k) Sigilați cele două margini împreună cu puțin amestec de gălbenuș de ou-lapte. Lăsați într-un loc cald. aproximativ 77F timp de aproximativ 2 ore și jumătate, până când aluatul a crescut la trei sferturi umple matrița.
l) Preîncălziți cuptorul la 425F.
m) Coaceți brioșa în cuptorul preîncălzit timp de 10 minute, apoi coborâți temperatura la 400F și gătiți încă 35 de minute. Dacă devine să se rumenească spre final, acoperiți-l cu hârtie rezistentă.
n) Rasturnați brioșa fierbinte pe un grătar, îndepărtați cu grijă matrița și puneți-o la cuptor pentru 5 minute, astfel încât centrul să se termine de gătit și să devină ușor colorat. Se lasa la racit cel putin 2 ore inainte de servire.
o) Servire: Presărați ușor zahăr pudră.

70.Brioș cu nuci și nuci pecan

INGREDIENTE:
- 1/2 cană lapte
- 5 ouă
- 1/3 cană zahăr
- 3 1/2 căni de făină universală
- 1 1/2 linguriță drojdie uscată activă
- 1/2 lingurita sare
- 1 cană nuci pecan tocate
- 1 cană unt congelat, tăiat cubulețe
- 1/2 cană sos caramel
- 1 ou (pentru glazura)

INSTRUCȚIUNI:
a) Într-o mașină de pâine, combinați laptele, ouăle, zahărul, făina, drojdia și sarea.
b) După frământarea inițială, adăugați untul congelat tăiat cubulețe.
c) Lăsați mașina de pâine să finalizeze ciclul de aluat.
d) Scoateți aluatul, înfășurați-l cu folie de bucătărie și lăsați-l la frigider peste noapte.
e) Înainte de coacere, lăsați aluatul să se odihnească la loc cald timp de 1 oră.
f) Împărțiți aluatul în 12 părți egale.
g) Modelați porții mari de aluat în sfere și puneți-le în pahare de copt pentru cupcake cu unt.
h) Amestecați nucile pecan tocate în aluat.
i) Modelați aluatul în 12 porții și puneți-le în pahare de copt pentru cupcake cu unt.
j) Apăsați centrul fiecărei sfere mari pentru a crea o adâncire.
k) Umpleți adâncirea cu un strop de sos caramel.
l) Acoperiți cu un prosop și lăsați să se odihnească încă o oră să crească.
m) Preîncălziți cuptorul la 350°F (180°C).
n) Bateți un ou și ungeți suprafața fiecărei brioșe cu spălarea de ouă.
o) Coaceți timp de 15-20 de minute sau până când se rumenesc.
p) Răciți brioșul cu nuci și nuci pecan pe un grătar.

71. Rulouri de brioșă cu migdale și miere

INGREDIENTE:
- 1/2 cană lapte
- 5 ouă
- 1/3 cană zahăr
- 3 1/2 căni de făină universală
- 1 1/2 linguriță drojdie uscată activă
- 1/2 lingurita sare
- 1 cană migdale feliate
- 1 cană unt congelat, tăiat cubulețe
- 1/4 cană miere
- 1 ou (pentru glazura)

INSTRUCȚIUNI:
a) Într-o mașină de pâine, combinați laptele, ouăle, zahărul, făina, drojdia și sarea.
b) După frământarea inițială, adăugați untul congelat tăiat cubulețe.
c) Lăsați mașina de pâine să finalizeze ciclul de aluat.
d) Scoateți aluatul, înfășurați-l cu folie de bucătărie și lăsați-l la frigider peste noapte.
e) Înainte de coacere, lăsați aluatul să se odihnească la loc cald timp de 1 oră.
f) Împărțiți aluatul în 12 părți egale
g) Modelați porții mari de aluat în sfere și puneți-le în pahare de copt pentru cupcake cu unt.
h) Amesteca migdalele feliate in aluat.
i) Modelați aluatul în 12 porții și puneți-le în pahare de copt pentru cupcake cu unt.
j) Apăsați centrul fiecărei sfere mari pentru a crea o adâncire.
k) Stropiți un pic de miere în adâncirea fiecărei brioșe.
l) Acoperiți cu un prosop și lăsați să se odihnească încă o oră să crească.
m) Preîncălziți cuptorul la 350°F (180°C).
n) Bateți un ou și ungeți suprafața fiecărei brioșe cu spălarea de ouă.
o) Coaceți timp de 15-20 de minute sau până când se rumenesc.
p) Răciți rulourile de brioșă cu migdale și miere pe un grătar.

72.Noduri de brioșă cu nucă și sirop de arțar

INGREDIENTE:
- 1/2 cană lapte
- 5 ouă
- 1/3 cană zahăr
- 3 1/2 căni de făină universală
- 1 1/2 linguriță drojdie uscată activă
- 1/2 lingurita sare
- 1 cana nuci tocate
- 1 cană unt congelat, tăiat cubulețe
- 1/2 cană sirop de arțar
- 1 ou (pentru glazura)

INSTRUCȚIUNI:
a) Într-o mașină de pâine, combinați laptele, ouăle, zahărul, făina, drojdia și sarea.
b) După frământarea inițială, adăugați untul congelat tăiat cubulețe.
c) Lăsați mașina de pâine să finalizeze ciclul de aluat.
d) Scoateți aluatul, înfășurați-l cu folie de bucătărie și lăsați-l la frigider peste noapte.
e) Înainte de coacere, lăsați aluatul să se odihnească la loc cald timp de 1 oră.
f) Împărțiți aluatul în 12 părți egale.
g) Modelați porții mari de aluat în sfere și puneți-le în pahare de copt pentru cupcake cu unt.
h) Amestecați nucile tăiate în aluat.
i) Modelați aluatul în noduri și puneți-le pe o tavă de copt.
j) Stropiți sirop de arțar peste fiecare nod de brioșă.
k) Acoperiți cu un prosop și lăsați să se odihnească încă o oră să crească.
l) Preîncălziți cuptorul la 350°F (180°C).
m) Bateți un ou și ungeți suprafața fiecărui nod de brioșă cu spălarea ouălor.
n) Coaceți timp de 15-20 de minute sau până când se rumenesc.
o) Răciți nodurile de brioș cu nucă și sirop de arțar pe un grătar.

73. Vârtejuri de brioșă cu ciocolată și alune

INGREDIENTE:
- 1/2 cană lapte
- 5 ouă
- 1/3 cană zahăr
- 3 1/2 căni de făină universală
- 1 1/2 linguriță drojdie uscată activă
- 1/2 lingurita sare
- 1 cana alune tocate
- 1 cană unt congelat, tăiat cubulețe
- 1/2 cană chipsuri de ciocolată
- 1 ou (pentru glazura)

INSTRUCȚIUNI:
a) Într-o mașină de pâine, combinați laptele, ouăle, zahărul, făina, drojdia și sarea.
b) După frământarea inițială, adăugați untul congelat tăiat cubulețe.
c) Lăsați mașina de pâine să finalizeze ciclul de aluat.
d) Scoateți aluatul, înfășurați-l cu folie de bucătărie și lăsați-l la frigider peste noapte.
e) Înainte de coacere, lăsați aluatul să se odihnească la loc cald timp de 1 oră.
f) Împărțiți aluatul în 12 părți egale.
g) Modelați porții mari de aluat în sfere și puneți-le în pahare de copt pentru cupcake cu unt.
h) Amestecați în aluat alunele tocate și fulgii de ciocolată.
i) Întindeți aluatul într-un dreptunghi și presărați uniform amestecul de nuci și ciocolată.
j) Rulați aluatul într-un buștean și tăiați-l în 12 rondele.
k) Așezați rondele în pahare de copt pentru cupcake cu unt.
l) Acoperiți cu un prosop și lăsați să se odihnească încă o oră să crească.
m) Preîncălziți cuptorul la 350°F (180°C).
n) Bateți un ou și ungeți suprafața fiecărui vârtej de brioșă cu spălarea ouălor.
o) Coaceți timp de 15-20 de minute sau până când se rumenesc.
p) Răciți brioșele cu chips de ciocolată cu alune pe un grătar.

74.Brioșă cu caju și coajă de portocale

INGREDIENTE:
- 1/2 cană lapte
- 5 ouă
- 1/3 cană zahăr
- 3 1/2 căni de făină universală
- 1 1/2 linguriță drojdie uscată activă
- 1/2 lingurita sare
- 1 cană caju tocate
- 1 cană unt congelat, tăiat cubulețe
- Coaja a 2 portocale
- 1 ou (pentru glazura)

INSTRUCȚIUNI:
a) Într-o mașină de pâine, combinați laptele, ouăle, zahărul, făina, drojdia și sarea.
b) După frământarea inițială, adăugați untul congelat tăiat cubulețe.
c) Lăsați mașina de pâine să finalizeze ciclul de aluat.
d) Scoateți aluatul, înfășurați-l cu folie de bucătărie și lăsați-l la frigider peste noapte.
e) Înainte de coacere, lăsați aluatul să se odihnească la loc cald timp de 1 oră.
f) Împărțiți aluatul în 12 părți egale.
g) Modelați porții mari de aluat în sfere și puneți-le în pahare de copt pentru cupcake cu unt.
h) Amestecați caju tocate și coaja de portocală în aluat.
i) Modelați aluatul în 12 porții și puneți-le în pahare de copt pentru cupcake cu unt.
j) Apăsați centrul fiecărei sfere mari pentru a crea o adâncire.
k) Acoperiți cu un prosop și lăsați să se odihnească încă o oră să crească.
l) Preîncălziți cuptorul la 350°F (180°C).
m) Bateți un ou și ungeți suprafața fiecărei brioșe cu spălarea de ouă.
n) Coaceți timp de 15-20 de minute sau până când se rumenesc.
o) Răciți brioșul de caju și coajă de portocale pe un grătar.

75. Noduri de brioș cu dulceață de fistic și zmeură

INGREDIENTE:
- 1/2 cană lapte
- 5 ouă
- 1/3 cană zahăr
- 3 1/2 căni de făină universală
- 1 1/2 linguriță drojdie uscată activă
- 1/2 lingurita sare
- 1 cană fistic tocat
- 1 cană unt congelat, tăiat cubulețe
- Gem de zmeură
- 1 ou (pentru glazura)

INSTRUCȚIUNI:
a) Într-o mașină de pâine, combinați laptele, ouăle, zahărul, făina, drojdia și sarea.
b) După frământarea inițială, adăugați untul congelat tăiat cubulețe.
c) Lăsați mașina de pâine să finalizeze ciclul de aluat.
d) Scoateți aluatul, înfășurați-l cu folie de bucătărie și lăsați-l la frigider peste noapte.
e) Înainte de coacere, lăsați aluatul să se odihnească la loc cald timp de 1 oră.
f) Împărțiți aluatul în 12 părți egale
g) Modelați porții mari de aluat în sfere și puneți-le în pahare de copt pentru cupcake cu unt.
h) Amestecați fisticul tocat în aluat.
i) Modelați aluatul în noduri și puneți-le pe o tavă de copt.
j) Faceți o mică adâncitură în fiecare nod și umpleți-o cu dulceață de zmeură.
k) Acoperiți cu un prosop și lăsați să se odihnească încă o oră să crească.
l) Preîncălziți cuptorul la 350°F (180°C).
m) Bateți un ou și ungeți suprafața fiecărui nod de brioșă cu spălarea ouălor.
n) Coaceți timp de 15-20 de minute sau până când se rumenesc.
o) Răciți nodurile de brioș cu dulceață de fistic și zmeură pe un grătar.

76. Vârtejuri de brioșă cu nucă de macadamia și nucă de cocos

INGREDIENTE:
- 1/2 cană lapte
- 5 ouă
- 1/3 cană zahăr
- 3 1/2 căni de făină universală
- 1 1/2 linguriță drojdie uscată activă
- 1/2 lingurita sare
- 1 cană nuci de macadamia tocate
- 1 cană unt congelat, tăiat cubulețe
- 1/2 cană nucă de cocos măruntită
- 1 ou (pentru glazura)

INSTRUCȚIUNI:
a) Într-o mașină de pâine, combinați laptele, ouăle, zahărul, făina, drojdia și sarea.
b) După frământarea inițială, adăugați untul congelat tăiat cubulețe.
c) Lăsați mașina de pâine să finalizeze ciclul de aluat.
d) Scoateți aluatul, înfășurați-l cu folie de bucătărie și lăsați-l la frigider peste noapte.
e) Înainte de coacere, lăsați aluatul să se odihnească la loc cald timp de 1 oră.
f) Împărțiți aluatul în 12 părți egale.
g) Modelați porții mari de aluat în sfere și puneți-le în pahare de copt pentru cupcake cu unt.
h) Amestecați în aluat nucile de macadamia tocate și nuca de cocos măruntită.
i) Întindeți aluatul într-un dreptunghi și presărați amestecul de nuci și nucă de cocos uniform.
j) Rulați aluatul într-un buștean și tăiați-l în 12 rondele.
k) Așezați rondele în pahare de copt pentru cupcake cu unt.
l) Acoperiți cu un prosop și lăsați să se odihnească încă o oră să crească.
m) Preîncălziți cuptorul la 350°F (180°C).
n) Bateți un ou și ungeți suprafața fiecărui vârtej de brioșă cu spălarea ouălor.
o) Coaceți timp de 15-20 de minute sau până când se rumenesc.
p) Răciți nuca de macadamia și brioșele cu nucă de cocos pe un grătar.

77. Brioș cu glazură cu alune și espresso

INGREDIENTE:

- 1/2 cană lapte
- 5 ouă
- 1/3 cană zahăr
- 3 1/2 căni de făină universală
- 1 1/2 linguriță drojdie uscată activă
- 1/2 lingurita sare
- 1 cana alune tocate
- 1 cană unt congelat, tăiat cubulețe
- 1/4 cană espresso tare preparat
- 1 cană de zahăr pudră
- 1 ou (pentru glazura)

INSTRUCȚIUNI:

a) Într-o mașină de pâine, combinați laptele, ouăle, zahărul, făina, drojdia și sarea.
b) După frământarea inițială, adăugați untul congelat tăiat cubulețe.
c) Lăsați mașina de pâine să finalizeze ciclul de aluat.
d) Scoateți aluatul, înfășurați-l cu folie de bucătărie și lăsați-l la frigider peste noapte.
e) Înainte de coacere, lăsați aluatul să se odihnească la loc cald timp de 1 oră.
f) Împărțiți aluatul în 12 părți egale.
g) Modelați porții mari de aluat în sfere și puneți-le în pahare de copt pentru cupcake cu unt.
h) Amestecați alunele tocate în aluat.
i) Modelați aluatul în 12 porții și puneți-le în pahare de copt pentru cupcake cu unt.
j) Apăsați centrul fiecărei sfere mari pentru a crea o adâncire.
k) Acoperiți cu un prosop și lăsați să se odihnească încă o oră să crească.
l) Preîncălziți cuptorul la 350°F (180°C).
m) Bateți un ou și ungeți suprafața fiecărei brioșe cu spălarea de ouă.
n) Coaceți timp de 15-20 de minute sau până când se rumenesc.
o) Răciți brioșul cu glazură cu alune și espresso pe un grătar.

BRIOCHE FLORALE

78.Brioșă cu mălai de lavandă

INGREDIENTE:
- 4 cesti alb; făină nealbită
- 1 cană făină de porumb
- 1 lingurita Sare
- 1 lingurita Lavanda
- 8 uncii lapte cald fără grăsimi; încălzit la 85 de grade
- 1 lingura drojdie proaspata
- 1 lingura Miere
- 2 ouă întregi; bătut

INSTRUCȚIUNI:

a) Adăugați drojdia în apă și miere și lăsați-o să stea într-un loc cald până devine spumos, apoi adăugați ouăle bătute.

b) Combinați ingredientele umede și uscate și frământați timp de 8 minute. Puneți la loc cald și lăsați aluatul să crească până își dublează volumul.

c) Apoi, loviți și formați în forma dorită. Lăsați amestecul de aluat să crească din nou până își dublează volumul și coaceți la 350 de grade timp de 25-30 de minute.

d) Timpul de coacere va varia în funcție de forma și dimensiunea pâinii.

e) Se face atunci când arată maro deschis și sună gol când este bătut.

79.Brioșă cu miere de lavandă

INGREDIENTE:
- 1/2 cană lapte
- 5 ouă
- 1/3 cană zahăr
- 3 1/2 căni de făină universală
- 1 1/2 linguriță drojdie uscată activă
- 1/2 lingurita sare
- 2 linguri de flori de lavandă uscate (grad culinar)
- 1 cană unt congelat, tăiat cubulețe
- 1/4 cană miere
- 1 ou (pentru glazura)

INSTRUCȚIUNI:
a) Într-o mașină de pâine, combinați laptele, ouăle, zahărul, făina, drojdia și sarea.
b) După frământarea inițială, adăugați untul congelat tăiat cubulețe și florile de lavandă uscate.
c) Lăsați mașina de pâine să finalizeze ciclul de aluat.
d) Scoateți aluatul, înfășurați-l cu folie de bucătărie și lăsați-l la frigider peste noapte.
e) Înainte de coacere, lăsați aluatul să se odihnească la loc cald timp de 1 oră. Împărțiți în 12 părți.
f) Modelați porții mari de aluat în sfere și puneți-le în pahare de copt pentru cupcake cu unt.
g) Apăsați centrul fiecărei sfere mari pentru a crea o adâncire.
h) Stropiți cu miere în adâncirea fiecărei brioșe.
i) Acoperiți cu un prosop și lăsați să se odihnească încă o oră să crească.
j) Preîncălziți cuptorul la 350°F (180°C).
k) Bateți un ou și ungeți suprafața fiecărei brioșe cu spălarea de ouă.
l) Coaceți timp de 15-20 de minute sau până când se rumenesc.
m) Răciți brioșul cu miere de lavandă pe un grătar.

80. Noduri de petale de trandafir și cardamom

INGREDIENTE:
- 1/2 cană lapte
- 5 ouă
- 1/3 cană zahăr
- 3 1/2 căni de făină universală
- 1 1/2 linguriță drojdie uscată activă
- 1/2 lingurita sare
- Petale din 2 trandafiri organici (spalati si tocati marunt)
- 1 cană unt congelat, tăiat cubulețe
- 1 lingurita cardamom macinat
- 1 ou (pentru glazura)

INSTRUCȚIUNI:
a) Într-o mașină de pâine, combinați laptele, ouăle, zahărul, făina, drojdia și sarea.
b) După frământarea inițială, adăugați untul congelat tăiat cubulețe.
c) Lăsați mașina de pâine să finalizeze ciclul de aluat.
d) Scoateți aluatul, înfășurați-l cu folie de bucătărie și lăsați-l la frigider peste noapte.
e) Înainte de coacere, lăsați aluatul să se odihnească la loc cald timp de 1 oră.
f) Împărțiți aluatul în 12 părți egale.
g) Modelați porții mari de aluat în sfere și puneți-le în pahare de copt pentru cupcake cu unt.
h) Amestecați în aluat petale de trandafir tăiate și cardamomul măcinat.
i) Modelați aluatul în noduri și puneți-le pe o tavă de copt.
j) Acoperiți cu un prosop și lăsați să se odihnească încă o oră să crească.
k) Preîncălziți cuptorul la 350°F (180°C).
l) Bateți un ou și ungeți suprafața fiecărui nod de brioșă cu spălarea ouălor.
m) Coaceți timp de 15-20 de minute sau până când se rumenesc.
n) Răciți nodurile petale de trandafir și brioș cu cardamom pe un grătar.

81.Vârtejuri de brioșă cu floare de portocal și fistic

INGREDIENTE:
- 1/2 cană lapte
- 5 ouă
- 1/3 cană zahăr
- 3 1/2 căni de făină universală
- 1 1/2 linguriță drojdie uscată activă
- 1/2 lingurita sare
- 1/4 cană fistic tocat
- 1 cană unt congelat, tăiat cubulețe
- 1 lingurita apa de floare de portocal
- 1 ou (pentru glazura)

INSTRUCȚIUNI:
a) Într-o mașină de pâine, combinați laptele, ouăle, zahărul, făina, drojdia și sarea.
b) După frământarea inițială, adăugați untul congelat tăiat cubulețe.
c) Lăsați mașina de pâine să finalizeze ciclul de aluat.
d) Scoateți aluatul, înfășurați-l cu folie de bucătărie și lăsați-l la frigider peste noapte.
e) Înainte de coacere, lăsați aluatul să se odihnească la loc cald timp de 1 oră.
f) Împărțiți aluatul în 12 părți egale.
g) Modelați porții mari de aluat în sfere și puneți-le în pahare de copt pentru cupcake cu unt.
h) Amestecați fistic tocat și apă de floare de portocal în aluat.
i) Întindeți aluatul într-un dreptunghi și presărați amestecul de fistic uniform.
j) Rulați aluatul într-un buștean și tăiați-l în 12 rondele.
k) Așezați rondele în pahare de copt pentru cupcake cu unt.
l) Acoperiți cu un prosop și lăsați să se odihnească încă o oră să crească.
m) Preîncălziți cuptorul la 350°F (180°C).
n) Bateți un ou și ungeți suprafața fiecărui vârtej de brioșă cu spălarea ouălor.
o) Coaceți timp de 15-20 de minute sau până când se rumenesc.
p) Răciți vârtejurile de brioșă cu floare de portocal și fistic pe un grătar.

82.Brioșă cu mușețel și coajă de lămâie

INGREDIENTE:
- 1/2 cană lapte
- 5 ouă
- 1/3 cană zahăr
- 3 1/2 căni de făină universală
- 1 1/2 linguriță drojdie uscată activă
- 1/2 lingurita sare
- 2 linguri de flori de mușețel uscate (grad culinar)
- Coaja a 2 lămâi
- 1 cană unt congelat, tăiat cubulețe
- 1 ou (pentru glazura)

INSTRUCȚIUNI:
a) Într-o mașină de pâine, combinați laptele, ouăle, zahărul, făina, drojdia și sarea.
b) După frământarea inițială, adăugați untul congelat tăiat cubulețe, florile de mușețel uscate și coaja de lămâie.
c) Lăsați mașina de pâine să finalizeze ciclul de aluat.
d) Scoateți aluatul, înfășurați-l cu folie de bucătărie și lăsați-l la frigider peste noapte.
e) Înainte de coacere, lăsați aluatul să se odihnească la loc cald timp de 1 oră. Împărțiți în 12 părți.
f) Modelați porții mari de aluat în sfere și puneți-le în pahare de copt pentru cupcake cu unt.
g) Apăsați centrul fiecărei sfere mari pentru a crea o adâncire.
h) Acoperiți cu un prosop și lăsați să se odihnească încă o oră să crească.
i) Preîncălziți cuptorul la 350°F (180°C).
j) Bateți un ou și ungeți suprafața fiecărei brioșe cu spălarea de ouă.
k) Coaceți timp de 15-20 de minute sau până când se rumenesc.
l) Răciți brioșul cu mușețel și coajă de lămâie pe un grătar.

83.Rulouri cu ceai de iasomie si brioche cu piersici

INGREDIENTE:
- 1/2 cană lapte
- 5 ouă
- 1/3 cană zahăr
- 3 1/2 căni de făină universală
- 1 1/2 linguriță drojdie uscată activă
- 1/2 lingurita sare
- 2 linguri de frunze de ceai de iasomie (vrac sau din pliculete de ceai)
- 1 cană unt congelat, tăiat cubulețe
- 1 cană de piersici proaspete tăiate cubulețe
- 1 ou (pentru glazura)

INSTRUCȚIUNI:
a) Într-o mașină de pâine, combinați laptele, ouăle, zahărul, făina, drojdia și sarea.
b) După frământarea inițială, adăugați untul congelat tăiat cubulețe.
c) Lăsați mașina de pâine să finalizeze ciclul de aluat.
d) Scoateți aluatul, înfășurați-l cu folie de bucătărie și lăsați-l la frigider peste noapte.
e) Înainte de coacere, lăsați aluatul să se odihnească la loc cald timp de 1 oră.
f) Împărțiți aluatul în 12 părți egale.
g) Modelați porții mari de aluat în sfere și puneți-le în pahare de copt pentru cupcake cu unt.
h) Amestecați frunzele de ceai de iasomie în aluat.
i) Modelați aluatul în 12 porții și puneți-le în pahare de copt pentru cupcake cu unt.
j) Apăsați centrul fiecărei sfere mari pentru a crea o adâncire.
k) Umpleți adâncitura cu piersici proaspete tăiate cubulețe.
l) Acoperiți cu un prosop și lăsați să se odihnească încă o oră să crească.
m) Preîncălziți cuptorul la 350°F (180°C).
n) Bateți un ou și ungeți suprafața fiecărei brioșe cu spălarea de ouă.
o) Coaceți timp de 15-20 de minute sau până când se rumenesc.
p) Răciți rulourile cu ceai cu iasomie și brioșă cu piersici pe un grătar.

84.Noduri de brioșă cu hibiscus și fructe de pădure

INGREDIENTE:
- 1/2 cană lapte
- 5 ouă
- 1/3 cană zahăr
- 3 1/2 căni de făină universală
- 1 1/2 linguriță drojdie uscată activă
- 1/2 lingurita sare
- 2 linguri flori de hibiscus uscate (grad culinar)
- 1 cană unt congelat, tăiat cubulețe
- 1 cană amestec de fructe de pădure (căpșuni, afine, zmeură)
- 1 ou (pentru glazura)

INSTRUCȚIUNI:

a) Într-o mașină de pâine, combinați laptele, ouăle, zahărul, făina, drojdia și sarea.
b) După frământarea inițială, adăugați untul congelat tăiat cubulețe.
c) Lăsați mașina de pâine să finalizeze ciclul de aluat.
d) Scoateți aluatul, înfășurați-l cu folie de bucătărie și lăsați-l la frigider peste noapte.
e) Înainte de coacere, lăsați aluatul să se odihnească la loc cald timp de 1 oră.
f) Împărțiți aluatul în 12 părți egale.
g) Modelați porții mari de aluat în sfere și puneți-le în pahare de copt pentru cupcake cu unt.
h) Amestecați florile de hibiscus uscate în aluat.
i) Modelați aluatul în noduri și puneți-le pe o tavă de copt.
j) Apăsați centrul fiecărui nod și umpleți-l cu fructe de padure amestecate.
k) Acoperiți cu un prosop și lăsați să se odihnească încă o oră să crească.
l) Preîncălziți cuptorul la 350°F (180°C).
m) Bateți un ou și ungeți suprafața fiecărui nod de brioșă cu spălarea ouălor.
n) Coaceți timp de 15-20 de minute sau până când se rumenesc.
o) Răciți nodurile Hibiscus și Berry Brioche pe un grătar.

85.Vârtejuri de brioșă cu violete și lămâie

INGREDIENTE:
- 1/2 cană lapte
- 5 ouă
- 1/3 cană zahăr
- 3 1/2 căni de făină universală
- 1 1/2 linguriță drojdie uscată activă
- 1/2 lingurita sare
- 2 linguri petale de violete uscate (grad culinar)
- Coaja a 2 lămâi
- 1 cană unt congelat, tăiat cubulețe
- 1 ou (pentru glazura)

INSTRUCȚIUNI:
a) Într-o mașină de pâine, combinați laptele, ouăle, zahărul, făina, drojdia și sarea.
b) După frământarea inițială, adăugați untul congelat tăiat cubulețe.
c) Lăsați mașina de pâine să finalizeze ciclul de aluat.
d) Scoateți aluatul, înfășurați-l cu folie de bucătărie și lăsați-l la frigider peste noapte.
e) Înainte de coacere, lăsați aluatul să se odihnească la loc cald timp de 1 oră.
f) Împărțiți aluatul în 12 părți egale.
g) Modelați porții mari de aluat în sfere și puneți-le în pahare de copt pentru cupcake cu unt.
h) Amestecați în aluat petale de violete uscate și coaja de lămâie.
i) Întindeți aluatul într-un dreptunghi și presărați amestecul floral uniform.
j) Rulați aluatul într-un buștean și tăiați-l în 12 rondele.
k) Așezați rondele în pahare de copt pentru cupcake cu unt.
l) Acoperiți cu un prosop și lăsați să se odihnească încă o oră să crească.
m) Preîncălziți cuptorul la 350°F (180°C).
n) Bateți un ou și ungeți suprafața fiecărui vârtej de brioșă cu spălarea ouălor.
o) Coaceți timp de 15-20 de minute sau până când se rumenesc.
p) Răciți brioșele cu violete și lămâie pe un grătar.

86.Brioșă cu flori de soc și afine

INGREDIENTE:
- 1/2 cană lapte
- 5 ouă
- 1/3 cană zahăr
- 3 1/2 căni de făină universală
- 1 1/2 linguriță drojdie uscată activă
- 1/2 lingurita sare
- 2 linguri sirop de flori de soc sau concentrat
- 1 cană unt congelat, tăiat cubulețe
- 1 cană de afine proaspete
- 1 ou (pentru glazura)

INSTRUCȚIUNI:
a) Într-o mașină de pâine, combinați laptele, ouăle, zahărul, făina, drojdia și sarea.
b) După frământarea inițială, adăugați untul congelat tăiat cubulețe.
c) Lăsați mașina de pâine să finalizeze ciclul de aluat.
d) Scoateți aluatul, înfășurați-l cu folie de bucătărie și lăsați-l la frigider peste noapte.
e) Înainte de coacere, lăsați aluatul să se odihnească la loc cald timp de 1 oră.
f) Împărțiți aluatul în 12 părți egale.
g) Modelați porții mari de aluat în sfere și puneți-le în pahare de copt pentru cupcake cu unt.
h) Se amestecă siropul de floare de soc sau se concentrează în aluat.
i) Modelați aluatul în 12 porții și puneți-le în pahare de copt pentru cupcake cu unt.
j) Apăsați centrul fiecărei sfere mari pentru a crea o adâncire.
k) Umpleți adâncirea cu afine proaspete.
l) Acoperiți cu un prosop și lăsați să se odihnească încă o oră să crească.
m) Preîncălziți cuptorul la 350°F (180°C).
n) Bateți un ou și ungeți suprafața fiecărei brioșe cu spălarea de ouă.
o) Coaceți timp de 15-20 de minute sau până când se rumenesc.
p) Răciți brioșul cu flori de soc și afine pe un grătar.

HALA BRIOCHE

87. Masina de paine Challah

INGREDIENTE:
- 2 ouă mari
- ⅝ cană apă călduță
- 1½ linguri de ulei de porumb sau alt ulei blând
- ½ lingurita Sare
- 4½ linguri de zahăr
- 3 cani de faina de paine
- 2¼ lingurițe drojdie cu creștere rapidă

INSTRUCȚIUNI:
a) Urmați ordinea specificată pentru ingrediente, adăugându-le la mașina de pâine în ordinea preferată de producător. De exemplu, cu un aparat Hitachi, începeți mai întâi cu ingrediente umede, dar pentru alte mașini, începeți cu ingrediente uscate este bine.
b) Selectați modul de aluat pe mașina dvs. de pâine. Dacă utilizați o mașină Hibachi de 1,5 lb, adăugați drojdie la aproximativ 30 de secunde după începerea amestecării. Dacă folosiți alte mașini, puteți pune drojdia deasupra ingredientelor uscate.
c) Odată ce ciclul de aluat este complet, scoateți aluatul și loviți-l pe o suprafață înfăinată. Aluatul va fi ușor lipicios și foarte umflat.
d) După ce tc ai odihnit câteva minute, împarte aluatul în treimi, rulează fiecare porție în funii și împletește-le împreună.
e) Lăsați aluatul împletit să crească până aproape că își dublează dimensiunea, ceea ce durează de obicei aproximativ 45 de minute. Puneți pâinea împletită pe o tavă de copt ușor unsă cu ulei pentru a crește.
f) Preîncălziți cuptorul la 350°F (175°C). Coaceți challah-ul timp de aproximativ 25 de minute sau până când devine maro auriu. Opțional, îi puteți spăla cu ou pentru un finisaj strălucitor, dar pâinile ar trebui să se rumenească frumos fără el.

88. Maioneza Challah

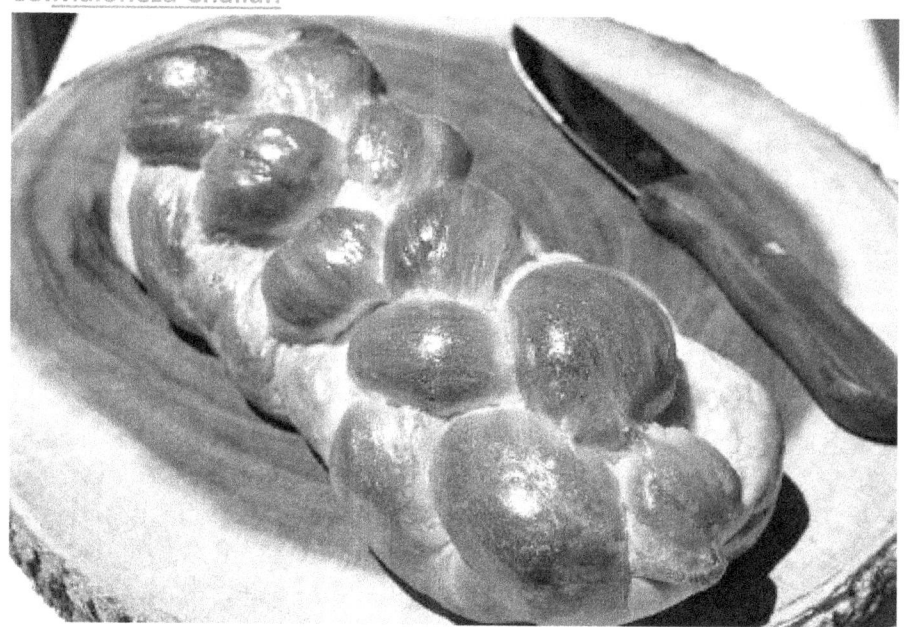

INGREDIENTE:
- 7½ căni de făină
- ¼ cană de zahăr
- 2 pachete drojdie uscată
- 1 lingurita Sare
- 1½ cani de apa calda
- ½ cană maioneză (NU dressing pentru salată)
- 4 ouă

INSTRUCȚIUNI:
a) Într-un castron, combinați 2 căni de făină, sare, zahăr și drojdie uscată.
b) Adăugați apă caldă și bateți cu un mixer electric la viteză mică timp de 2 minute.
c) Adăugați încă 2 căni de făină, maioneză și 3 ouă. Bateți cu mixerul la viteză medie pentru încă 2 minute.
d) Se amestecă, cu mâna, suficientă făină suplimentară (aproximativ 3 căni) pentru a forma un aluat neted și elastic. Frământați aluatul, adăugând mai multă făină după cum este necesar pentru a obține textura dorită.
e) Puneti aluatul intr-un bol uns cu unt, acoperiti-l si lasati sa creasca pana isi dubleaza volumul.
f) Tăiați aluatul și împărțiți-l în jumătate (sau treimi pentru pâini mai mici). Se acopera si se lasa aluatul sa se odihneasca 10 minute.
g) Împărțiți fiecare jumătate în trei bucăți lungi ca o frânghie. Împpletiți trei bucăți împreună pentru a forma o pâine.
h) Puneți pâinea împletită pe o foaie de copt unsă și ungeți-o cu un spălat de ou folosind al patrulea ou. Opțional, presară semințe de mac sau alte toppinguri.
i) Lăsați pâinea împletită să crească până își dublează volumul.
j) Preîncălziți cuptorul la 375°F (190°C) și coaceți challah-ul timp de aproximativ 30 de minute sau până când este testat ca gata și frumos rumenit.
k) Această maioneza Challah se îngheață bine pentru utilizare ulterioară.

89. Challah cu șase împletituri

INGREDIENTE:

- 2 pachete drojdie uscată activă
- ¼ până la ½ cană de zahăr
- 1¼ cană apă caldă (105 până la 115 grade)
- 5 până la 6 căni de făină de pâine
- 2 lingurite Sare
- 3 ouă mari
- ¼ cană de shortening vegetal
- 1 mână de susan sau mac
- Făină de porumb pentru praf

INSTRUCȚIUNI:

a) Într-un recipient mare, dizolvați drojdia și un praf de zahăr în 1 cană de apă caldă (105 până la 115 grade). Se lasa sa stea 10 minute.

b) Puneți făina într-un bol mare și adăugați amestecul de drojdie dizolvat. Se amestecă cu o lingură. Adăugați zahărul rămas, sarea, 2 ouă și scurtarea vegetală.

c) Bateți aproximativ un minut și apoi amestecați cu mâna. Întoarceți aluatul pe o suprafață ușor înfăinată și frământați aproximativ 15 minute până când se înmoaie, adăugând mai multă apă sau făină, după cum este necesar. Alternativ, folosiți un cârlig de aluat într-un mixer pentru a amesteca și a frământa.

d) Puneți aluatul într-un bol uns ușor, răsturnându-l pentru a vă asigura că întreaga suprafață este ușor unsă. Acoperiți vasul cu o cârpă și lăsați-l să crească într-un loc cald (75 până la 80 de grade) aproximativ o oră sau până când aluatul își dublează volumul.

e) Loviți aluatul și împărțiți-l în 2 bile. Împărțiți fiecare minge în 6 bucăți asemănătoare unui șarpe, fiecare de aproximativ 12 inci lungime.

f) Așezați toate cele 6 fire pe o placă una lângă alta, apăsând cele 6 capete împreună. Împărțiți în 2 grupe de 3 șuvițe și împletiți. Luați șuvița din extrema stângă și plasați-o peste celelalte 2 și în centru. Continuați împletirea până se epuizează aluatul. Strângeți capetele împreună. Repetați cu a doua pâine.

g) Pentru o variantă mai ușoară, împărțiți fiecare minge în 3 șuvițe și împletiți. Așezați fâșia exterioară peste cea din mijloc, apoi sub a treia. Trageți strâns benzile și continuați împletirea. Bagați capetele și repetați cu celelalte 3 benzi.
h) Cu ajutorul unei pensule de patiserie, ungeți challah-ul cu oul rămas amestecat cu apă și stropiți cu susan sau mac.
i) După ce ați periat pâinea, înmuiați al doilea deget în spălarea ouălor și scoateți partea superioară a împletițiilor. Înmuiați degetul în semințe și atingeți din nou zona indentată pentru un design mai izbitor.
j) Stropiți o foaie de biscuiți cu făină de porumb și puneți pâinile deasupra. Acoperiți cu o folie de plastic și lăsați-le să crească timp de 30 de minute într-un loc cald.
k) Preîncălziți cuptorul la 375 ° F (190 ° C). Coaceți challah-ul timp de aproximativ 30 de minute sau până când devine auriu.

90.Challah fără ulei

INGREDIENTE:
- 1½ cani de apa
- 2 oua
- 1½ linguri de sos de mere
- 1½ linguriță Sare
- 3 linguri Miere
- 3 linguri de zahăr
- 5 căni de făină albă (sau făină de pâine albă - omiteți glutenul)
- 1½ lingurita gluten de grau
- 3 lingurite drojdie
- 5 picături colorant alimentar galben (opțional)
- ¾ cană stafide (opțional)

INSTRUCȚIUNI:
a) Adăugați ingredientele la mașina de pâine (ABM) în ordinea specificată de model. Alegeți ciclul „ALUAT".
b) În timpul celei de-a doua frământări, adăugați ¾ de cană de stafide dacă doriți.
c) Odată ce ABM termină ciclul de aluat, scoateți aluatul și împărțiți-l în trei părți.
d) Acoperiți ușor fiecare parte cu folie de plastic (puteți stropi ușor cu PAM pentru a nu se lipi) și lăsați aluatul să crească timp de o oră.
e) Se întinde fiecare porție și se împletește aluatul. Udați ușor capetele pentru a le ajuta să se lipească și pliați ușor sub pâine pentru un aspect rotunjit.
f) Așezați fiecare pâine împletită pe o foaie de prăjituri care a fost pulverizată ușor cu PAM. Acoperiți pâinile cu folie de plastic și lăsați-le să crească încă o oră.
g) Preîncălziți cuptorul la 350 de grade Fahrenheit (175 de grade Celsius).
h) Ungeți fiecare pâine cu un ou bătut (se pot folosi bătători de ouă și sunt suficiente câteva lingurițe).
i) Coacem in cuptorul preincalzit 25-30 de minute sau pana devin aurii.

91. Raisin Challah

INGREDIENTE:
- 4 căni de apă caldă
- 2 linguri drojdie uscată
- 4 ouă
- ½ cană de ulei
- ½ cană Miere
- 2 cani de stafide
- 14 până la 15 căni de făină
- 1 lingură sare grunjoasă

Glazură:
- 1 ou, bătut
- Seminte de mac

INSTRUCȚIUNI:
a) Turnați apă caldă într-un bol mare de amestecare. Se amestecă drojdia, ouăle, uleiul, mierea și stafidele. Se amestecă bine și se adaugă aproximativ jumătate din făină. Lăsați amestecul să se odihnească timp de 45 de minute până la 1 oră.

b) Adăugați sare și cea mai mare parte a făinii rămase. Se amestecă și se frământă până când aluatul este moale. Lăsați aluatul să crească din nou timp de 1 oră sau continuați fără o a doua creștere pentru un proces mai rapid.

c) Împărțiți aluatul și modelați-l în pâini. Puneți pâinile formate în tavi unse cu unt și lăsați-le să crească între 45 de minute și 1 oră.

d) Preîncălziți cuptorul la 350°F (175°C).

e) Pentru glazură, bateți un ou și ungeți-l deasupra pâinilor. Presarati seminte de mac deasupra.

f) Coaceți timp de 45 de minute până la 1 oră pentru pâini sau 30 de minute pentru rulouri sau până când sunt maro auriu și sună goale când sunt bătute.

92.Challah moale

INGREDIENTE:
- 1½ cani de stafide inchise sau galbene, pline
- 1¾ cană de apă caldă
- 2 linguri drojdie uscată
- 1 praf de zahăr
- ⅓ cană de zahăr
- ⅓ cană miere uşoară
- 3½ linguriţe de sare
- ½ cană de ulei
- 3 ouă
- 2 galbenusuri de ou
- 6 până la 7 căni de făină de pâine, aproximativ
- 2 linguri de apă
- 2 lingurite de zahar
- 1 ou
- 1 galbenus de ou

Spălarea ouălor:
- 1 ou
- 1 galbenus de ou

INSTRUCŢIUNI:
a) Într-un castron mare, amestecaţi drojdia, apa călduţă şi un praf de zahăr. Lăsaţi să stea cinci minute pentru a permite drojdiei să se umfle şi să se dizolve.

b) Amestecaţi vioi zahărul rămas, mierea şi sarea. Apoi adăugaţi ulei, ouă, gălbenuşuri şi aproximativ cinci căni de făină. Se amestecă într-o masă plină. Se lasă să stea 10-20 de minute pentru a lăsa făina să se absoarbă.

c) Framantam aluatul, fie cu mana, fie cu un carlig de aluat, adaugand faina ramasa la nevoie pentru a face un aluat moale si elastic (cca 10-12 minute). Aluatul trebuie să părăsească părţile laterale ale vasului. Dacă este lipicios, adăugaţi cantităţi mici de făină până când aluatul este moale, dar nu se mai lipeşte.

d) Lăsaţi aluatul să se odihnească pe o masă uşor înfăinată timp de zece minute, apoi aplatizaţi şi apăsaţi stafidele pline cât mai uniform posibil în aluat, îndoind aluatul peste stafide pentru a le „înfige".

e) Puneți aluatul într-un vas uns și acoperiți-l cu folie de plastic unsă și un șervețel umed sau acoperiți-l cu un șervețel umed și puneți întregul vas într-o pungă mare de plastic. Lăsați aluatul să crească într-un loc ferit de curenți de aer până se dublează și arată umflat, oriunde de la 45 la 90 de minute.
f) Dacă faceți o creștere rece peste noapte, puneți aluatul într-un castron mare, ușor uns cu unsoare și introduceți-l într-o pungă mare de plastic. Dați la frigider peste noapte. Dacă aluatul crește prea repede, deschideți punga, dezumflați aluatul și resigilați. A doua zi, lăsați aluatul să se încălzească, apoi dezumflați ușor și continuați.
g) Împărțiți aluatul în două. Pentru „faigele" sau Challah de Anul Nou în formă de turban, modelați fiecare secțiune într-o frânghie lungă (aproximativ 12-14 inci lungime) care este mai groasă la un capăt și înfășurați-o, începând cu capătul mai gros mai întâi, punând capătul deasupra. a incuia." Alternativ, împărțiți fiecare secțiune de aluat în trei frânghii, de aproximativ 14 inci lungime și faceți o împletitură tradițională challah.
h) Așezați-l pe o tavă de copt pudrată cu mălai. Într-un castron mic, amestecați ingredientele pentru spălarea ouălor. Ungeți pâinea cu spălătura de ouă și presărați semințele de susan.
I) Lăsați pâinea să crească până se umflă, aproximativ 20-30 de minute. Preîncălziți cuptorul la 400 de grade F.
j) Coaceți pâinea timp de 12 minute, apoi reduceți căldura la 350 de grade F și coaceți încă 25 de minute sau până când pâinea se rumenește uniform.

93.Challah aluat

INGREDIENTE:
- 1 cană de pornire de aluat (ar trebui să fie pareve dacă se servește cu carne)
- 1 cană apă foarte caldă
- 1 lingură drojdie sau 1 pachet drojdie
- 1 lingura Miere
- 7 căni de făină de pâine (sau mai mult, gluten bogat cu puțină făină de orz sau făină universală nealbită)
- 2 lingurite Sare
- 3 ouă
- ¼ cană ulei vegetal (aproximativ)
- 1 gălbenuș de ou amestecat cu 3 picături de apă (mai mult sau mai puțin)
- Seminte de mac

INSTRUCȚIUNI:
a) Amestecați starterul de aluat, apa, drojdia și mierea. Lăsați-l să clocotească în timp ce treceți la pasul următor.
b) Într-un castron mare, amestecați 4 căni de făină și sare.
c) Faceți un godeu în centrul amestecului de făină/sare și adăugați ouăle și uleiul.
d) Se toarnă amestecul de drojdie spumoasă și se amestecă cu o lingură sau o paletă de lemn cu mâner gros.
e) Adăugați făină până când amestecul se desprinde din bol. Nu trebuie să fie perfect netedă.
f) Presărați făină pe un blat sau pe o masă de frământat. Puneți aluatul în mijloc, răzuind cât de mult puteți din bolul de mixare. Spălați vasul pentru utilizare într-o etapă ulterioară.
g) Framantam painea, adaugand faina pana devine neteda si elastica. Textura ar trebui să se simtă ca fundul gol al unui copil atunci când este bătut.
h) Puneți aluatul în vasul de amestecare uns cu ulei. Acoperiți-l cu hârtie cerată și un prosop, apoi puneți-l într-un loc cald să crească. Este gata când puteți vedea urmele degetelor în aluat după ce îl înțepeți.
i) Întoarceți aluatul pe blat și apăsați-l în jos pentru a îndepărta bulele mari de aer. Împletiți-o în două sau patru pâini și așezați-le pe foi de prăjituri unse cu ulei. Lăsați-le să crească încă o jumătate de oră.
j) Preîncălziți cuptorul la 350°F (175°C). Glazurați pâinile cu amestecul de gălbenușuri și stropiți generos cu semințe de mac. Coaceți aproximativ o jumătate de oră, rotind tăvile în cuptor. Pâinile ar trebui să sune goale când sunt bătute. Lasă-le să se răcească.

94.Challah de Anul Nou

INGREDIENTE:
- 1 cană Stafide
- 1 cană apă clocotită
- 1 cană de apă rece (pentru fabricarea mașinii, utilizați apă la 100-105 grade pentru metoda convențională)
- 1⅜ linguriță de sare
- 1 lingura de zahar
- 2 ouă întregi
- 2 gălbenușuri de ou, bătute
- ¼ cană Miere
- ¼ cană ulei vegetal
- 3 lingurițe drojdie instantă sau rapidă sau rapidă
- 3½ până la 4 căni de făină universală
- 1 lingurita de ulei (pentru acoperirea frigiderului)
- 2 lingurite de faina de porumb
- 1 ou
- 1 galbenus de ou
- 2 linguri de seminte de susan (daca se doreste)

SPĂLARE OUĂ:
- 1 ou
- 1 galbenus de ou

INSTRUCȚIUNI:
a) Puneți stafidele într-un bol mediu și turnați apă clocotită peste ele. Lăsați-le să se înmulțească timp de 2 minute. Scurgeți-le, ștergeți-le și lăsați-le să se răcească.

INSTRUCȚIUNI DE MAȘINĂ
b) Puneți apă rece, sare, zahăr, ouă, gălbenușuri, miere, ulei, drojdie și 3 căni de făină în tigaia mașinii sau în ordinea specificată de producător.
c) Puneți modul sau programul aluat. Pudrați în făină suplimentară, deoarece aluatul formează o minge și pare suficient de umed pentru a necesita făina rămasă. Înainte de a doua frământare, adăugați stafidele. Acestea trebuie adăugate odată ce aluatul este format, dar cu puțin timp de frământare rămas pentru a le încorpora.
d) Dacă mașina dvs. nu permite acest lucru, lăsați-l să-și încheie ciclul de aluat. Scoateți-l pe o masă înfăinată și apăsați pur și simplu stafidele. Continuați cu instrucțiunile pentru formarea pâinilor. Vezi nota 2
e) Instrucțiuni convenționale Într-un castron mare, amestecați apă caldă, sare, zahăr și miere. Stropiți cu drojdie instantanee, cu creștere rapidă sau cu creștere rapidă. Bateți ouăle, gălbenușurile și uleiul vegetal. Bateți în 3 căni de făină. Dacă folosiți un mixer electric, atașați un cârlig de aluat și frământați cu mixerul sau cu mâna timp de 8-10 minute până când aluatul este moale și elastic, lăsând marginea vasului. Dacă aluatul este lipicios, adăugați cantități mici de făină până când aluatul este moale și nu se mai lipește.
f) Stropiți suprafața de lucru cu restul de ¼ de cană de făină. Lasam aluatul sa se odihneasca 10 minute la suprafata. Frământați sau presați stafidele cât mai uniform posibil, îndoind aluatul peste stafide pentru a le înfige. Acoperiți aluatul cu un prosop curat umed. Lasam aluatul sa se odihneasca 20 de minute. Sau, dacă îi lăsați să crească peste noapte, puneți-l într-o pungă mare de plastic unsă cu ulei și lăsați-l la frigider peste noapte. Dacă vedeți că pâinea crește, deschideți punga, dezumflați aluatul și resigilați. A doua zi, tăiați pâinea și procedați după cum urmează.

g) Pentru a forma pâini: Lucrați pe o foaie de copt acoperită cu folie sau pergament și stropită cu făină de porumb. Pentru o împletitură tradițională, împărțiți aluatul în 3 bușteni lungi de 15 inci; pentru o coroană, utilizați 3 bușteni de 18 inchi; pentru un turban, utilizați 2 bușteni de 18 inci cu 20% mai groși la un capăt decât la celălalt. Pentru o împletitură, împletește cei 3 bușteni, strângeți capetele împreună și plasați dedesubt. Pentru o coroană rotundă, împletește-o și modelează-o într-un cerc. Ciupiți capetele împreună și introduceți-le în rundă, astfel încât să nu se arate. Pentru turbane, începând de la capătul mai gros, înfășurați pâinea rotund. La sfârșit, prindeți vârful și băgați-l dedesubt.
h) Într-un castron mic, amestecați oul și gălbenușul pentru spălarea ouălor. Ungeți cu generozitate pâinea cu spălarea ouălor. Se lasa sa creasca 30-40 de minute.
i) Periați din nou și stropiți cu semințe de susan, dacă doriți.
j) Coacere: cu 15 minute înainte de coacere, preîncălziți cuptorul la 375 ° F (190 ° C). Coaceți timp de 30-35 de minute până când crusta se rumenește frumos și sună goală când este bătută.

95. Challah umplut

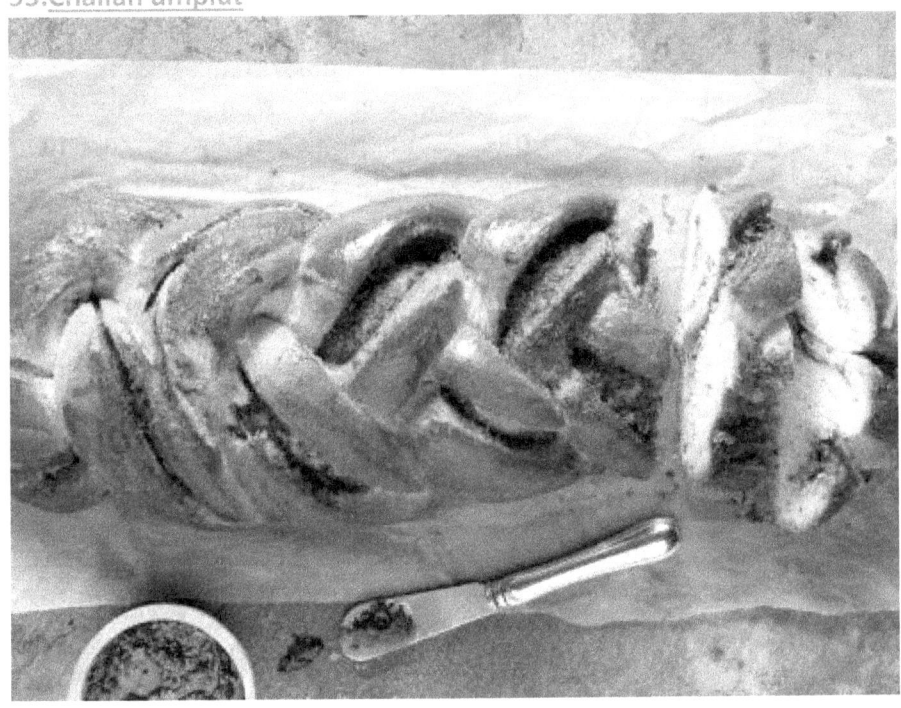

INGREDIENTE:
- aluat Challah
- Mere tăiate cubulețe
- Zahar brun
- Scorțișoară
- Spălarea ouălor
- Scorțișoară și zahăr pentru stropire

INSTRUCȚIUNI:
a) Pregătiți-vă aluatul de challah conform rețetei preferate.
b) Aplatizați frânghiile de aluat și puneți o linie subțire de mere tăiate cubulețe care au fost sotate în puțin zahăr brun și scorțișoară. Asigurați-vă că amestecul este bine scurs pentru a preveni scurgerea în timpul coacerii.
c) Rotiți fiecare frânghie în sus, asemănător cu o rolă de jeleu și sigilați ambele capete.
d) Îmmpletiți cu grijă frânghiile.
e) Lăsați aluatul împletit să crească timp de aproximativ 45 de minute până la o oră.
f) Preîncălziți cuptorul.
g) Ungeți aluatul împletit cu spălat de ou.
h) Presărați scorțișoară și zahăr deasupra pentru un plus de aromă.
i) Coaceți conform instrucțiunilor rețetei de challah până când challah-ul devine maro auriu și sună gol la atingere.

96. Dulce Challah

INGREDIENTE:
- ½ cană plus ¼ linguriță de zahăr granulat
- 2¼ cani de apa calduta
- 2 pachete drojdie uscată activă
- 10 căni de făină de pâine albă nealbită, plus încă 1½ căni, după cum este necesar
- 1 lingură sare grosieră sau cușer
- 4 ouă jumbo la temperatura camerei, bătute, plus 1 gălbenuș de ou
- ½ cană de ulei de arahide, plus mai mult pentru a unge tigăile
- ½ cană plus 1 linguriță Miere, împărțită
- ½ cană de stafide
- Seminte de mac

INSTRUCȚIUNI:
a) Se dizolvă ¼ de linguriță de zahăr în apă călduță. Se amestecă drojdia; puneți deoparte într-un loc ferit de curenti de aer pentru a dovada (aproximativ 10 minute).
b) Amestecați 10 căni de făină, sarea și ½ cană de zahăr rămasă într-un castron cu mâna sau într-un robot de bucătărie echipat cu o lamă de aluat. Dacă amestecați cu mâna, faceți un godeu în centrul amestecului de făină.
c) Adăugați 4 ouă bătute, ½ cană ulei, ½ cană miere și amestecul de drojdie în vasul sau recipientul robotului de bucătărie.
d) Se amestecă și se frământă cu mâna sau cu o lamă de aluat în robotul de bucătărie, adăugând făină suplimentară până când aluatul formează o minge lipicioasă și se smulge de pe laterale.
e) Asezati aluatul pe o tabla tapata cu faina; se framanta in continuare cu mana, adaugand faina la nevoie. Aluatul ar trebui să fie bătut de la frământare, să fie umed și ușor lipicios, dar să nu se lipească de tablă sau degete.
f) Pune aluatul într-un bol uns cu ulei; acoperiți cu o cârpă umedă de bucătărie. Puneți deoparte într-un loc ferit de curent pentru a crește timp de 2½ până la 3 ore, până când se dublează în volum.
g) Testați aluatul împingându-l cu degetul. Dacă nu reacționează, este gata pentru a doua frământare. Loviți aluatul și stropiți cu stafide. Se framanta in stafidele.

h) Puneți aluatul într-o tigaie unsă cu ulei, acoperiți-l cu o cârpă umedă și lăsați-l să crească din nou timp de 1 până la 1 oră și jumătate, până când își dublează volumul.
i) Împărțiți aluatul în 4 bucăți egale. Împărțiți fiecare dintre cele 4 bucăți în 3 bucăți egale. Rulați fiecare bucată într-o frânghie de cel puțin 24 de inci lungime, cu capete mai subțiri.
j) Ciupește trei șuvițe împreună la un capăt, apoi împletește cele trei șuvițe împreună. Înfășurați împletitura într-o bobină începând din partea de sus a spiralei.
k) Puneți pâinile pe foi de prăjituri sau tigăi puțin adânci; acoperiți cu cârpe de bucătărie umede. Lăsați pâinile să crească aproximativ 35 până la 45 de minute, până când își dublează volumul.
l) Faceți o spălare de ou combinând gălbenușul de ou, 1 linguriță de miere rămasă și 1 lingură de apă rece. Ungeți spălarea cu ouă peste fiecare pâine. Stropiți cu semințe de mac.
m) Coaceți într-un cuptor preîncălzit la 350 de grade timp de 35 până la 45 de minute. Pâinile sunt gata când sunt aurii și sună goale când sunt bătute pe fund.
n) Se răcește pe grătare înainte de servire.

97. Foarte unt Challah

INGREDIENTE:
- 2½ batoane Unt, topit
- 2 pachete Drojdie
- 2 căni de apă caldă
- 7 căni de făină, nealbită
- 4 lingurite Sare
- 3 ouă, bătute
- ½ cană de zahăr
- 2 ouă, bătute
- Seminte de mac (optional)
- Seminte de susan (optional)

INSTRUCȚIUNI:
a) Dizolvați drojdia în apă caldă.
b) Într-un castron mare, bateți 3 ouă. Adăugați sare, zahăr, drojdie dizolvată și unt topit la amestecul de ouă.
c) Se amestecă 4 căni de făină dintr-o dată. Continuați să adăugați încă 3 căni de făină până când aluatul capătă o consistență moale.
d) Framantam aluatul pe o tabla infainata pana nu mai devine lipicios si elastic la atingere.
e) Puneți aluatul într-un bol de mixare uns cu unt și acoperiți-l cu un prosop. Lăsați să crească timp de 1 oră și jumătate sau până când își dublează volumul.
f) Loviți aluatul, frământați-l puțin și împărțiți-l în 6 bucăți. Rotiți fiecare bucată cu mâinile pentru a forma frânghii lungi și subțiri.
g) Impletiți 3 frânghii, ciupind capetele împreună. Repetați procesul cu celelalte 3 frânghii.
h) Așezați fiecare pâine împletită pe tava ei unsă pentru prăjituri, acoperiți cu un prosop și lăsați-o să crească aproximativ o oră sau până când își dublează volumul.
i) Preîncălziți cuptorul la 350°F.
j) Ungeți pâinile cu cele 2 ouă bătute și stropiți cu mac sau susan dacă doriți.
k) Coaceți în cuptorul preîncălzit pentru aproximativ 45 de minute sau până când pâinea este maro-aurie.

98. Apa Challah

INGREDIENTE:
- 2 pachete Drojdie
- 1 lingurita zahar
- 2¼ căni de apă caldă
- 8 până la 9 căni de făină cernută
- 1/3 până la 1/2 cană de zahăr
- 1/3 cană ulei
- 1 lingura plus 1 lingurita Sare
- 2 lingurite de otet

INSTRUCȚIUNI:
a) Dizolvați drojdia și o linguriță de zahăr în ½ cană de apă caldă. Se lasa sa stea 5 minute pana cand face bule.
b) Într-un castron, combinați 4 căni de făină, amestecul de drojdie și ingredientele rămase. Bateți aproximativ 3 minute.
c) Bateți făina rămasă, câte 1 cană, frământând în ultima cană cu mâna sau cu un cârlig pentru pâine timp de aproximativ 10 minute. Asigurați-vă că aluatul este bine frământat pentru o textură netedă.
d) Puneți aluatul într-un bol uns cu unt, întoarceți-l, acoperiți și lăsați-l să crească într-un loc cald până se dublează, aproximativ 1½ până la 2 ore.
e) Loviți aluatul și împletiți-l în 3 challahs. Puteți împărți aluatul pentru a face challah mai mici, dacă doriți.
f) Acoperiți challahurile împletite cu o cârpă umedă și lăsați-le să crească până se dublează, aproximativ 1 oră. Urmăriți-le pe măsură ce vă apropiați de sfârșitul timpului de creștere.
g) Glazurați challah-urile cu ou bătut și stropiți cu semințe dacă doriți (opțional).
h) Coaceți într-un cuptor preîncălzit la 345°F timp de 45 de minute. Challah-urile sunt terminate atunci când scot un sunet gol când sunt bătute pe fund.

99.Vârtej de ciocolată Challah

INGREDIENTE:
- 4 căni de făină universală
- 1/2 cană zahăr
- 1 lingurita sare
- 1 pachet drojdie uscată activă (aproximativ 2 1/4 lingurițe)
- 1 cană apă caldă (110°F/43°C)
- 1/4 cană ulei vegetal
- 2 ouă mari
- 1/2 cană pudră de cacao
- 1/2 cană chipsuri de ciocolată (demidulci)

INSTRUCȚIUNI:
a) Într-un castron mare, amestecați apa căluță, zahărul și drojdia. Se lasa sa stea 5-10 minute pana devine spumoasa.
b) Adăugați uleiul și ouăle în amestecul de drojdie, amestecând bine.
c) Într-un castron separat, combinați făina și sarea. Adăugați treptat acest amestec la ingredientele umede, amestecând continuu până se formează un aluat.
d) Împărțiți aluatul în două porții. Într-o porție, se frământă în pudra de cacao până se încorporează complet.
e) Puneți ambele porțiuni de aluat în boluri separate unse cu unt, acoperiți-le și lăsați-le să crească aproximativ 1-1,5 ore, sau până când își dublează volumul.
f) Preîncălziți cuptorul la 350°F (175°C).
g) Întindeți fiecare porție de aluat într-un dreptunghi. Puneți aluatul de ciocolată peste aluatul simplu și presărați fulgi de ciocolată uniform.
h) Rulați strâns aluatul într-un buștean și apoi împletiți așa cum ați proceda cu un challah tradițional.
i) Puneți pâinea împletită pe o foaie de copt tapetată cu hârtie de copt. Lăsați-l să crească încă 30 de minute.
j) Coaceți timp de 25-30 de minute sau până când challah este maro auriu. Se lasa sa se raceasca inainte de a taia felii.

100.Challah cu ierburi și brânză

INGREDIENTE:
- 4 cani de faina de paine
- 1 lingura zahar
- 1 lingurita sare
- 1 pachet drojdie uscată activă (aproximativ 2 1/4 lingurițe)
- 1 cană apă caldă (110°F/43°C)
- 1/4 cană ulei de măsline
- 2 ouă mari
- 1 cană parmezan sau brânză Pecorino rasă
- 2 linguri ierburi proaspete (cum ar fi rozmarin, cimbru și oregano), tocate fin

INSTRUCȚIUNI:
a) Într-un castron mare, amestecați apa călduță, zahărul și drojdia. Se lasa sa stea 5-10 minute pana devine spumoasa.
b) Adăugați uleiul și ouăle în amestecul de drojdie, amestecând bine.
c) Într-un castron separat, combinați făina și sarea. Adăugați treptat acest amestec la ingredientele umede, amestecând continuu până se formează un aluat.
d) Împărțiți aluatul în două porții. Într-o porție, se frământă în pudra de cacao până se încorporează complet.
e) Adaugați brânza rasă și ierburile tocate în aluat, frământând până se omogenizează bine.
f) Preîncălziți cuptorul la 350°F (175°C).
g) Întindeți fiecare porție de aluat într-un dreptunghi. Puneți aluatul de ciocolată peste aluatul simplu și presărați fulgi de ciocolată uniform.
h) Rulați strâns aluatul într-un buștean și apoi împletiți așa cum ați proceda cu un challah tradițional.
i) Puneți pâinea împletită pe o foaie de copt tapetată cu hârtie de copt. Lăsați-l să crească încă 30 de minute.
j) Coaceți timp de 25-30 de minute sau până când challah este maro auriu. Se lasa sa se raceasca inainte de a taia felii.

CONCLUZIE

Pe măsură ce ne încheiem explorarea prin „MANUALUL ULTIMEI DE BRIOȘĂ", sperăm că ați îmbrățișat arta de a coace brioșă perfectă de fiecare dată. Fiecare rețetă din aceste pagini este o dovadă a bucuriei, preciziei și îndemânării care definesc lumea brioșei. Fie că te-ai minunat de straturile delicioase ale unei brioșe învolburate cu scorțișoară sau te-ai bucurat de simplitatea unei rulouri clasice de brioșă, avem încredere că acest manual te-a împuternicit să creezi brioșe de calitate de panificație în confortul propriei bucătării.

Dincolo de ingrediente și tehnici, fie ca satisfacția de a scoate din cuptorul tău o brioșă aurie și parfumată să devină o sursă de mândrie și bucurie. Pe măsură ce continuați să vă perfecționați abilitățile de coacere, „MANUALUL ULTIMEI DE BRIOȘĂ" să fie resursa dvs. ideală pentru variații delicioase, răsturnări inovatoare și plăcerea atemporală de a împărtăși brioșe proaspăt coapte cu prietenii și familia.

Iată la arta coacerii brioșelor, la magia aluatului perfect laminat și la nenumăratele momente de încântare care te așteaptă în călătoria ta culinară. Fie ca bucătăria ta să fie plină de aroma dulce a succesului, în timp ce stăpânești arta de a coace brioșe perfecte de fiecare dată!

www.ingramcontent.com/pod-product-compliance
Lightning Source LLC
Chambersburg PA
CBHW071314110526
44591CB00010B/889